现代教育技术下
高校体育教学的改革与发展研究

冯元喜 / 著

吉林出版集团股份有限公司
全国百佳图书出版单位

图书在版编目（CIP）数据

现代教育技术下高校体育教学的改革与发展研究 / 冯元喜著. -- 长春：吉林出版集团股份有限公司，2022.6
ISBN 978-7-5731-1675-8

Ⅰ.①现… Ⅱ.①冯… Ⅲ.①体育教学 - 教学研究 - 高等学校 Ⅳ.①G807.4

中国版本图书馆CIP数据核字（2022）第108767号

XIANDAI JIAOYU JISHU XIA GAOXIAO TIYU JIAOXUE DE GAIGE YU FAZHAN YANJIU
现代教育技术下高校体育教学的改革与发展研究

著　　者	冯元喜
责任编辑	冯　雪
装帧设计	马静静

出　　版	吉林出版集团股份有限公司
发　　行	吉林出版集团社科图书有限公司
地　　址	吉林省长春市南关区福祉大路5788号　邮编：130118
印　　刷	北京亚吉飞数码科技有限公司
电　　话	0431-81629712（总编办）　0431-81629729（营销中心）
抖 音 号	吉林出版集团社科图书有限公司　3700902 6326

开　　本	710 mm×1000 mm　1 / 16
印　　张	12.75
字　　数	212千字
插　　图	11幅
版　　次	2023年3月第1版
印　　次	2023年3月第1次印刷

书　　号	ISBN 978-7-5731-1675-8
定　　价	86.00元

如有印装质量问题，请与市场营销中心联系调换。0431-81629729

前言

当前,社会已经进入了信息时代,以多媒体技术和网络技术为核心的现代教育技术强烈冲击着当代的教育思想、教育方法,而且随着信息化的不断推进以及现代教育技术的高度渗透,人才培养的观念也发生了变革,理论知识扎实、专业素质良好的全面型人才成为社会需要的重要人才。体育教学是高等教育的重要组成部分,是新时代培养社会主义建设人才的重要手段。现阶段,高校体育传统教学体制与模式已经无法适应与满足社会发展的需求,其教育功能亟待加强,教学重点也应该由"传授既定知识"转变为在传授经典知识的基础上培养学生的专业素质和实践能力。这就要求高校体育教学改革紧跟信息时代的步伐,充分利用现代教育技术手段拓展体育教学空间,优化体育教学系统,全面培养学生的综合素质,这将为推动高校体育教学的现代化发展和培养信息时代的优秀人才做出突出贡献。基于上述分析,作者在查阅大量相关著作文献的基础上精心撰写了本书。

本书共有八章内容,第一章阐述现代教育技术的基本概念,以形成对现代教育技术的基本认识。第二章分析现代教育技术的科学应用,从而了解现代教育技术的重要性及其在体育教学中应用的可行性。第三章对我国高校体育教学现状与改革进行分析和探索,便于我们清楚当前我国高校体育教学的基本情况,明确在现代教育技术下进行体育教学改革的必要性和基本思路。第四章重点探讨现代教育技术与高校体育教学发展的关系,包括信息技术与体育课程的整合、现代教育技术在体育教学中的应用以及现代体育教育技术的应用,旨在运用现代教育技术推动我国高校体育教学的发展。第五章至第七章分别对现代教育技术下高校体育教学方法、教学模式以及教学设计的改革与发展进行研究,将现代教育技术融入高校体育教学的方方面面,以全面推进高校体育教学的改革进程,提升改革成效。第八章重点研究现代教育技术下高校体育师生信息素养的培养,从而使高校体育师生适应体育教学的信息化发展趋势。

总体上,本书具有以下几个特征。

第一,系统性。本书主要对现代教育技术下高校体育教学改革与发展进行研究。首先阐述现代教育技术的理论及应用,其次分析我国高校体育教学的现状,探讨现代教育技术与高校体育教学发展的关系,再次对现代教育技术下高校体育教学方法、教学模式和教学设计的改革发展进行研究,最后探索高校体育师生信息素养培养策略。总体来看,结构完整,内容丰富,层次清晰,具有较强的系统性。

第二,时代性。在信息化时代,信息技术与体育教学的融合已成为高校体育教学信息化改革与现代化发展的必然趋势。利用现代教育技术推进高校体育教学改革与创新,是我国实现教育现代化目标的重要环节,具有重要的时代意义和现实意义。

第三,创新性。将现代教育技术运用到高校体育教学中,而不是简单地将信息技术作为一种教学手段去使用,现代教育技术更重要的"使命"是深刻融入体育教学的方方面面,在改善教学环境的基础上去实现教育系统的结构性变革。基于这一教育新理念,本书提出融合了现代教育技术的体育教学新方法、新模式和新设计,具有重要的创新意义。

总之,本书主要以现代教育技术为视角探讨高校体育教学的改革与发展,重点研究现代教育技术在高校体育教学改革发展中的重要作用与主要应用,希望本书能够为促进我国高校体育教学的现代化发展及培养全面发展的人才做出贡献。

本书在撰写过程中参考并借鉴了很多专家、学者的研究成果,在此表示诚挚的感谢。由于作者水平有限,书中难免有不妥与疏漏之处,敬请广大读者批判指正。

作　者
2022 年 3 月

目录

第一章 现代教育技术概述 ·· 1
 第一节 现代教育技术的相关概念 ······························ 3
 第二节 国内外教育技术的发展情况 ···························· 5
 第三节 现代教育技术的重要意义 ····························· 13
 第四节 现代教育技术的理论基础 ····························· 18

第二章 现代教育技术的科学应用研究 ······················· 23
 第一节 常见教育技术在教育教学中的应用 ···················· 25
 第二节 信息化教学设计 ··································· 28
 第三节 信息化教学资源开发 ······························· 35
 第四节 信息化教学环境建设 ······························· 42

第三章 高校体育教学现状分析与改革探索 ················· 47
 第一节 高校体育教学现状与问题分析 ························ 49
 第二节 高校体育教学改革的意义和必要性 ···················· 54
 第三节 现代教育技术下高校体育教学改革的总体思路 ········· 58
 第四节 高校体育教学改革与发展趋势 ························ 63

第四章 现代教育技术与高校体育教学发展 ················· 69
 第一节 信息技术与高校体育课程的整合 ······················ 71
 第二节 现代教育技术在高校体育教学中的应用 ················ 81
 第三节 现代体育教育技术及其应用 ·························· 85

第五章 现代教育技术下高校体育教学方法的改革与发展……91
第一节 体育教学方法基础理论……93
第二节 高校常用体育教学方法……96
第三节 现代教育技术下高校体育教学方法改革创新的思路…102
第四节 高校体育微格教学方法设计与应用……108

第六章 现代教育技术下高校体育教学模式的改革与发展……113
第一节 体育教学模式基础理论……115
第二节 高校常用体育教学模式……122
第三节 现代教育技术与高校体育教学模式的融合……132
第四节 信息化体育教学模式的科学构建……140

第七章 现代教育技术下高校体育教学设计改革与发展……147
第一节 体育教学设计理论……149
第二节 "以教为主"的体育教学系统设计……153
第三节 大学生网络自主学习系统设计……157
第四节 体育网络课程教学设计……162
第五节 高校信息化体育教学设计案例……167

第八章 现代教育技术下高校体育师生信息素养的培养与提升…171
第一节 信息素养与信息能力……173
第二节 高校体育师生应具备的信息素养……176
第三节 高校体育教师信息素养的培养与提升策略……180
第四节 高校大学生信息素养的培养……185

参考文献……192

第一章 现代教育技术概述

现代教育技术是运用现代教育理论和现代信息技术的有机集合,来实现优化教学理论、实践和过程,从而提高教学效果,为建立终身学习体系建立的扎实的基础。它是现代社会发展对教育的必然需求,是教育体制改革的必然目标。因此,有必要对现代教育技术进行系统的了解和认识。然而现代教育技术与教育技术本质上没有差别,都是指人类在教育活动过程中运用的一切物质工具、方法技能和知识经验的综合体。本章从现代教育技术的相关概念、国内外教育技术的发展情况、现代教育技术的重要意义以及现代教育技术的理论基础四个方面展开研究,希望能够全面地、系统地将现代教育技术的概念和发展情况做出阐述,力争为促进我国体育教育的改革和发展做出一定的贡献。

第一章 现代教育技术概述

第一节 现代教育技术的相关概念

现代教育技术的概念是与教育、技术以及教育技术的含义息息相关的,这些概念是构成现代教育技术的基础。因此,理解现代教育技术需要结合以上概念同时进行。

一、教育

教育是促进人类发展的一项重要社会活动。从狭义上讲,教育是指以学校为中心的教学活动,具有一定的目的性、计划性和针对性。根据一定的社会现实以及未来社会的需要,教育既具有较强的实用功能,同时也遵循人类身心发展的规律,它是进行有组织地知识技能培训、道德思想熏陶、智力体力培养的一种活动。它的根本目标是培养符合社会需要和促进社会发展的人才。而从广义上讲,凡是有目的地增进人的知识技能、提升人的思想品德、促进人的体质发展的活动,都属于教育的范畴,无论是否有组织、有系统、有计划、有目的,也无论是否有时间、空间和形式的限制,只要它的最终效果是积极的、有益的,都应该被视为是教育活动的一种。

总之,教育是教育者与受教育者的互动过程,是把人类社会发展积累的各种生产和生活的经验、文明与智慧的结晶、科学知识以及规律不断地传承下去。随着人类的繁衍生息、社会的进步和变迁,教育将一直为人类社会培养人才,并发挥着不可替代的作用。

二、技术

技术是一切工具手段和方法技能的总和,不仅包括有形技术,如物资设备和工具手段,还包括无形技术,如观念形态和方法、技能等。总之，技术具有历史范畴，会随着时代的变迁而不断发展。

三、教育技术

教育技术主要包括物化形态的技术和智能形态的技术两种形式。物化形态技术包括计算机、多媒体设备、网络等以及相应的软件，而智能形态的技术包括系统方法、教学设计、教学方法等。

美国的教育技术起步较早，其对教育技术的概念在1963年、1970年、1972年、1977年、1994年和2005年分别做出了不同版本的定义，其中"AECT'94定义"在我国具有较大的影响。

1994年，美国教育传播与技术协会出版了西尔斯（Seels）与里奇（Richey）合著的《教学技术：领域的定义和范围》一书。本书从以下三个维度解读了教学技术。

（1）研究目的是能够更好地促进学习，体现了以学习者为中心的思想。

（2）研究对象是学习过程与学习资源，这里的学习过程既包括有教师参与的教与学的互动学习过程，也包括无教师参与的自主学习过程；学习资源包含人力资源如教师、小组、组织等，以及非人力资源的教学设施、教学材料和教学媒体等。

（3）研究任务是针对学习资源和学习过程进行设计、开发、应用管理和评价的一系列理论和实践问题，改变了以往"教学过程"的提法，体现了从以"教"为中心转向以"学"为中心、从单方面地传授知识转为以发展学生的学习能力为主要目标的转变。

四、现代教育技术

现代教育技术与教育技术在定义上没有本质的区别，但是现代教育技术的定义更加强调现代教育思想和现代教育理论的指导意义，不仅要研究"教"和"学"的资源，还要研究"教"和"学"的过程，并且要将现代信息技术手段真正地运用在实际教学活动中，要充分利用和发挥现代信息技术的优势，促进提升现代教学的效率和质量。现代教育技术是为实现教育、教学过程的最优化而努力。

第二节 国内外教育技术的发展情况

在研究教育技术的时候,首先需要对它的发展有初步了解,这样才能形成一个基本的概念。尽管教育技术是始终伴随着教育活动的发展而发展的一种重要手段、方法和技巧,但是到目前为止,它并没有确切的记载和说法。但是可以推断,它的形成和历史必定十分的久远,并一直在发展过程之中。

一、国外教育技术的产生与发展

教育技术在国外的发展早于国内,最早可追溯到17、18世纪捷克教育家约翰·阿摩司·夸美纽斯和瑞士教育家约翰·亨里希·佩斯泰洛奇等人倡导的直观教学法。所谓的直观教学法即通过运用图片、实物标本或模型等直观教具进行辅助的一种教学手段。不难理解,直观教学也是比较原始的教学技术,但是由于它与人类认知形成习惯极为吻合,属于一种非常基本、简单且有效的教育技术,因此至今仍然是被普遍沿用。在研究国外教育技术的产生与发展时,我们可以从以下三个角度展开。

(一)从技术发展的角度

1. 视觉教学阶段

大约在19世纪末期,当时的一些视觉技术手段被先后引入教育领域,包括照相机、幻灯机、无声电影等新兴媒体。由此,科学技术的发展大量地融入教育活动之中,从此拉开了教育技术的发展序幕。1923年,美国教育协会成立了"视觉教育部",开始将"视觉教育"列为正式课程。这是一个标志性的时刻,它意味着视觉教学阶段被列为教育的重要组成。并且,视觉教学的倡导者还强调要多运用各种视觉手段和教材,强调直观在教学活动中的重要性。而且,视觉教学能够帮助很多本来比较抽象的概念具体化、形象化,提高了教学效率,降低了学生的学习门槛和理解难度。

2. 视听教学阶段

接着,来到20世纪20年代末,这时候无线电广播、有声电影、录音机等技术与设备已经发展成熟,于是陆续被应用在教学活动中,并逐渐发展为视听教育运动。1946年,美国教育家戴尔提出了著名的视听教育理论——经验之塔。这一理论在后来整个视听教学发展中发挥了非常重要的作用。很快,1947年美国教育协会将1923年成立的"视觉教育部"正式改名为"视听教学部",补充了"听觉"的部分。"视听"本来就是相辅相成的重要感官系统,在教学中系统地、整体地运用调动其人体的视听功能是非常必要的,对教学活动的完善和提高也具有重要的推动作用。

3. 视听传播阶段

20世纪50年代以后,传播学理论被引入教育领域,这一阶段主要的特征是教育活动中强调从信息传递的角度来分析和研究教学过程。1963年,美国教育协会又将"视听教学部"改名为"视听传播部",这是一次对教育技术的重要补充,由视听教育转向视听传播,可以说是一次对教育技术的升级。它从根本上改变了视听领域的实践范畴和理论框架,从原来的教具、教材物化性技术的使用升级为教学工具和教学信息传播的全方面的发展,打开各个传播渠道进行知识传递,对教育技术的发展具有重要的推动意义。

进入20世纪70年代之后,现代科技实现爆发式进步,并且被大规模地引入医疗、教育等民用领域。广播电视录像机、彩色电视机、激光投影、电子黑板、计算机以及互联网等设备和技术的相继出现,在教育教学中发挥了十分重要的作用,使教育技术不断向更高的水平发展。后来伴随着教育及时的发展,教育技术的理论研究也从单一的媒体研究,扩展为对媒体的系统开发以及对教学系统的设计,这是教育技术对现代教育产生的最为根本性的影响。而且,后来逐渐形成了独特的理论研究模式,教育技术由此成为一门独立的学科,继而又出现了不同的名称,如"教学技术"和"学习技术"等,都是教育技术的范畴。

(二)从学习理论发展的角度

现代教育技术发展的第二条线索来自学习理论。学习理论又是由行为主义过渡到认知主义的发展过程,它包括信息加工理论以及建构主义理论。换言之,这是心理学和信息科学的理论贡献,它始于20世纪50年代初。心理学着重从学习者的心理层面入手,有针对性地介入学习者在学习过程中发生的一系列复杂而多变的互动作用。比如,行为主义的刺激反应学说、联结和强化学说、小步子教学等教学理论,在教学实践中发挥了明显的作用,对教学效果和教学质量都有显著提高,也获得师生的一致认可,至今仍是经典。信息加工理论和建构主义理论对教学内容的开发、设计具有指导意义,也为系统化地开发教学系统和课程奠定了理论基础。认知主义的兴起意味着对学习关系的重新思考和认识,并且学习者的主体地位最终得到确认。从学习动力的角度开始激发和引导学生进行学习,对新知识和新技能自发地、主动地去探索和获得,这是现代教育的重要进步,是学习理论在结构上发挥的重要作用。

1. 程序教学阶段

程序教学是指将教学内容按照一定的逻辑顺序进行分解和设计,最后成为更适合学习者掌握的若干个小的学习单元,从而可以由学习者自主进行学习。程序教学的特点是学习步子小、难度适中、每一步的目标明确,因此有助于学习者自定义学习进度,促进学习的积极性,强调了学习者的主体地位,从多个方面对提高教学效果都产生助益。

程序教学的模式主要分为两种,即直线式程序和分支式程序。直线式程序模式是指所有的学习单元由浅至深,以一对一的方式进行组织,每一个学习单元都有非常简单明确的反馈机制,只要学习者做出正确的反应,就能获得强化,经过几次循环往复,使学习者对知识技能有了很好的掌握,然后就可以进入下一个单元的学习。直线式程序的优点是简单可控,缺点是过于机械,学习者必须按照教材程序设计好的顺序进行学习,无论学习者的基础如何,学习目的是什么,都必须按照程序按部就班地进行,而且它的反馈机制也较为初级,只能提供正误性的反馈信息,没有拓展,也没有提供给学习者一个谈论交流的空间,因此这种方法比较适合初级的、是非性的学习内容,不适合培养创造性的学习内容,也不适合学习能力强的学习者。

分支式程序模式是指学习的信息量大且带有分支，允许学习者对学习单元进行选择。而且不同的学习反馈把学习者引导至不同的学习页面上，不再局限于是非两种模式。比如，对本单元学习较快的学习者可以快速进入下一单元，而反馈错误或仍有含糊不清的同学，会根据他的薄弱环节被引导至另外的学习单元进行加强，进行有针对性的补充学习，待掌握后再进入下一个学习单元。由此可见，相对于直线式程序，分支式程序更加体现了学习者的主体位置，侧重学习者的学习需要进行程序设计和学习安排。从教学效果来看，它再次提高了教学效率；从学习者的体验看，学习过程与自身的发展是紧紧贴合的，因此学习体验更好。分支式程序模式的优点是使不同学习能力的学习者都能得到适合自身能力水平的学习方法，使学习更有效率，也更有动力。缺点是课程设计具有一定的难度，提高了对教研机构的要求，它的设计周期也相对较长。

两种学习程序都有各自的长处，因此在教学实践中往往结合使用，从而收获更好的教学效果。

2. 计算机辅助教学阶段

将计算机引入教学是教育技术的一次重要进步。计算机具有人机交互、动态模拟、高速运算、控制灵活等特点，从而使教与学的体验都得到提升，教学效果也发生了指数级的提高。早期的计算机辅助教学也是遵循程序教学的原则和方法进行的，依据主要是行为主义的学习理论。计算机的高速计算能力和动态模拟能力，在进行直线式和分支式程序设计时，都体现出明显的优越性。有计算机参与的教学系统，让学习者对学习进度和学习内容的选择有了更大的自主空间，学习者可以一定程度地自定义学习步骤和学习节奏，但缺点是它仍然受限于计算机程序的设计。

3. 个别化教学阶段

建构主义的学习理论和教学理论逐渐成熟，以及网络网络通讯技术、多媒体技术的进一步发展，使得教育技术得到进一步的提高。它的最突出的特点是使个别化学习成为可能。学习者可以在这种教学系统中具有更高的主导性和可控性，既可以进行协作式学习，也可以进行个别化学习；既可以跳跃式学习，也可以按照既定的程序进行学习。由于计算机不再只作为一种辅助教学的工具,而是作为认知工具、情感激励工具以及协作和交流的工具,并可以作为导师、伙伴等形式存在,因此,计算机辅助教育这个概念已经被一定程度地解构,产生了新的意义和价值,并且随着科技的不断进步,在可见的未来还会产生更强大、更丰富的功能,并参与到教育技术的优化和迭代过程中来。

(三)从系统方法运用的视角

从系统方法论的角度看,视听教育阶段的教学媒体设计,认知主义流行时期的教学设计,建构主义时期的个别化学习过程设计、教学系统设计等都融入了系统方法。这对于教育技术的发展起到了重要的推动作用。

总之,现代教育技术的发展既包含物化形态的技术发展,也包含着观念形态的技术发展。并且,这两种形态的技术相互作用、相互影响,因此,在理解和研究教育技术的过程中,不能割裂地进行,应该以一种整体视角将各个角度进行融合地、辩证处理,应该重视它们之间互相影响、互相促进的作用,这样才能更加客观全面地对现代教育技术的发展进行理解。

二、我国教育技术的产生与发展

教育技术在我国则有着不同的发展历程,我国的教育技术是以电化教育的出现为主要标志的。电化教育是我国教育技术发展的主要脉络,也是中国独有的名词,这和中国社会的发展进程是息息相关的。从发展历史来看,我国的教育技术发展一般按照萌芽阶段、初期发展阶段、迅速发展阶段以及深入发展阶段。

(一)萌芽阶段

电化教育在中国的兴起是从 19 世纪末开始的,同样也是始于将当时的幻灯、无声电影等媒体技术引入教育应用领域,这与西方主流国家的发展状况基本上是一致的。不同的是,中国在当时最为突出的特点是拍摄了许多至今对国人仍有深刻记忆的教育影片。可见,中国的电化教育从发展之初就不仅仅局限于工具的使用,而是从教育内容和手段并重进行设计和应用的。并且这些影片是面向广大人民群众的,因此电化教育一经问世便面向最大的受众,而不是局限在教育教学系统之内。当年拍摄的一些无声教育影片,如《盲童教育》《女子体育》《养蚕》等,都反响热烈,可以说是非常成功的全国思想教育典范。

在应用于大众教育的同时,我国高校也在第一时间引入电化教育。1922年,当时的南京金陵大学农学院用幻灯、无声电影等手段宣传棉花种植知识,这也是符合当时我国国家发展需要的一次重要尝试。作为农业大国,推广先进的农业种植生产知识是当务之急。它体现了我国高等院校在教学与实践方面的紧密协作,不仅体现了我国高等院校的务实性,也反映了高校对前沿科技的敏感嗅觉,以及迅速与实际工作进行联结的行动能力。

1932年,南京还成立了"中国教育电影协会",它标志着群众性电化教育学术团体的成立。我国最早使用"电化教学"也是在大众教育系统,1935年的江苏镇江推出了"电化教学讲映场"。随后,高校逐渐开设了"教育电影"的课程,"电化教育"这个名词开始被普遍采用。

在萌芽阶段,我国电化教育发展比较突出的特点是,在群众教育领域的大量应用,并取得了相当的成绩。同时,高校的发展也同步进行,并以现实需要为切入点,与电化教育、教育电影紧密结合。

(二)初期发展阶段

20世纪50年代到20世纪60年代中期的十几年间,是我国电化教育的初期发展阶段。1955年,北京和天津分别创办了广播函授学校。1958年前后,电化教育在我国的高等学校和中小学中被全面推广,北京、沈阳等城市还相继成立了电化教育馆。1960年起,我国的许多省会城市相继开办了电视大学。至此,电化教育在我国形成了广泛的根基,不仅在中小学和高校这些教育系统内全面发展,而且在面对大众教育应用方面也充分地发挥了作用,比如广播函授教学、电视大学等。在政府关怀、学校重视以及群众反应热烈等诸多方面的条件下,我国的电化教育取得了较好的发展,并形成了规模效应,培养了一批优秀的教师队伍和实干的专业技术人员,他们共同组成了我国早期电化教育工作的核心力量。

（三）迅速发展阶段

在 20 世纪六七十年代的特殊时期,我国的电化教育处于停滞状态。从 20 世纪 70 年代末到 20 世纪 80 年代的十多年间,又迎来了重新起步并得到了迅速的发展,这一时期的电化教育发展迅猛,取得了显著的成绩,主要可以从以下几个方面体现。

1. 完善各级电化教育机构

1978 年,教育部设立了电化教育局和中央电教馆成为指导全国电教工作的中心。随后,全国各省市、县和大、中、小学相继建立了电化教育机构,形成了完整的电化教育网络。实现电化教育在各个级别的教育系统内得到普及。

2. 电化教育设置的普及

在当时的时代背景下,电化教育最基本的设备需求包括硬件、软件和潜件三部分。1987 年起,我国的高等院校和部分中小学相继建设了普通电化教室、语言实验室、计算机室、闭路电视系统、卫星接收站等设施设备,使电化教育的基础设施基本得到普及,为我国电化教育事业的迅速发展奠定了物质基础。很快,适合各级学校的大量的电化教育教材也相应出现。这标志着我国的电化教育进入快速且全面的发展时期。

3. 电化教育的爆发式发展

1983 年起,电化教育专业在我国多所高等师范院校的教育技术研究所或者研究中心,分别成立了电化教育的专业。这其中包括北京师范大学、华南师范大学,华东师范大学。随后,其他高等院校也纷纷相应响应,形成了爆发式的成长,电化教育专业形成了专科、本科、研究生 3 个层次的人才培养体系。

4. 广播电视教育和卫星电视教育的发展

广播电视和卫星电视技术的发展,很快在电化教育方面得到体现。1979 年,我国创办了中央广播电视大学,随后广播电视大学在其他省市自治区也陆续地兴建和成立。我国的卫星电视教育始于 1986 年,以中国教育电视台(CETV)的创建为标志。

5. 计算机教育的蓬勃发展

1981年,计算机辅助教学系统和辅助教学管理系统陆续在我国的高校出现。在理论体系方面,我国构建了本质论、功能论、发展论、媒体论、过程论、方法论、管理论的框架。至此,电化教育从技术、理论、机构、应用等得到了全方位的发展。

（四）深入发展阶段

进入20世纪90年代,多媒体技术、网络通信技术以及信息技术呈现井喷式发展,教育技术的理论研究和实践应用都进入了深入发展的阶段,为我国的教育技术奠定了坚实的基础,它呈现出的主要特点体现在以下几个方面。

1. 教育技术手段的多元化

进入这一时期后,我们的教育技术明显呈现出多元化发展的态势,多媒体、网络、智能、虚拟全面进行,并且与传统教育方式形成很好地补充和融合。20世纪90年代中期,我国的"信息高速公路"在教育与科研领域完成了初步开通。这是我国教育技术朝着网络化、智能化、虚拟化的进一步发展。教育技术的发展,对教学方法、教学模式以及教学内容的发展产生了强烈而深刻的影响。

2. 教育技术在多个领域的发展

教育技术是一门交叉学科,它最初主要是受到教育理论、学习理论、传播学、系统论等多个相关理论的影响,后期又融合了认知学习理论和教学设计原理两个新兴理论。在技术层面,多媒体技术和网络技术的介入使教育技术发生了维度层面的升级,从而对其理论建设与实践应用都产生了重大的影响。在实践层面,教育技术还被广泛地运用于教育、服务、科研等领域,于是不同领域、不同职业背景的实践人员,从自身的实践过程中进行思考,这些不同的视角和实践探索都反过来进一步对教育技术的发展提供了宝贵的资源。目前,对教育技术的研究从协同、合作、讨论、应用等多个方面展开,成为教育技术学科的重要特色。

3. 重视实践性和支持性的研究

教育技术的发展路径与自身的特性息息相关。作为理论和实践并重的学科，教育技术的发展也是从理论发展和实践发展两方面同时地、交叉地进行的，它既需要理论指导实践，也需要在实践中进行理论研究。两相结合，形成较强的促进性发展的关系，效果很好。就目前的情况看，教育技术的发展重点是促进学习效率的提高为重心进行工作的。因此，现在普遍对教师培训、教学资源建设、学习支持等实践性和支持性研究开展得更为广泛和深入。

4. 强调对学习心理的研究

在教育技术发展的过程中，相关学者及专家在相关的维度上不断地展开更加深入的研究。比如，在促进学习效果的研究过程中发现，教育技术不仅涉及学习环境、教学设备、互动方式以及学生的接受能力等，还关注人在技术环境中的学习行为特征及心理过程特征，研究影响学习者的因素都有哪些，以及如何应对这些因素。另外一个非常重要的研究方向，是学习者的非智力因素，比如对心理因素的研究、人机互动对学习的影响等都有了很多具有指导意义的发现。

第三节　现代教育技术的重要意义

一、拓展教育边界并提升教学效率

在社会发展的背景下，现代教育技术以教育为根本目标，对各种技术成果兼容并收，在一定程度上提高了教育的广度和深度。特别是多媒体、互联网等技术手段的应用，极大地促进了当代大学生对前沿知识和信息的掌握。当代大学生是深受互联网惠及的一代，他们甚至被称为互联网的原住民。这是因为，这一代的大学生从小就浸泡在互联网以及计算机等现代信息技术的环境里，对这些科技手段有极大的依赖性。也就是说，不仅在教育系统之内，它体现在生活的方方面面，网络教学、视频教学等这些都是最直观的体现。现代教育技术可以使世界各地的教育资源发生链接,使科技、学术、文化思潮等领域的前沿发展直接接入教师的多媒体课堂,或者学生的笔记本电脑。现代教育技术还可以帮助高校教师更及时、方便地更新自身的教育理念,在最新科研信息的基础上及时构建和重组自身的知识系统、转变教育方式、更新教育技术,以实现最优化教学的目的。

总之,现代教育技术极大地提高了现代教育的效率,拓展了教育的边界,提升了教育的效率。

二、从结构上促进现代教育的发展

现代教育技术为高校教学结构的调整带来了前所未有的机遇,从根本上丰富了教学内容、提升了教学手段。从视听教学到视听传播的发展,从单向的知识传输到以学习者为主体的观念转变,从行为主义强调外部刺激到认知主义加强了对学生心理过程的研究,从系统论到教育传播理论的发展,这一切共同完成了对教育技术的全面发展,从结构上完善了现代教育的内容、手段和方法。随着社会的发展、科技的进步,教育技术还在不断的发展过程中,这一过程必然会为今后的教育发展带来预想不到的积极影响。

教育技术的发展是推动教育发展的重要力量,并且能够在直观上反映出教育的成果,使人类对知识、技能和智慧的传播活动得到前所未有的进步。现代教育技术在拓宽教学内容、丰富学习者的知识结构、提升学习者的学习体验等方面都具有重要的价值。

三、有助于改变旧的教学思想观念

(一)从以"教"为主到以"学"为主

现代教育技术的另一个重要意义,是有助于改变传统的教学观念和教学思想。一般而言,教学观念和教学思想是时代的产物,它们深受当时社会的影响。因此,随着社会的进步、教育技术的发展,相应的教学观念与教学思想也会发展转变,以适应社会的需要。现代教育技术对教育思想的转变,最明显的体现在,我们从传统教育中以"教"为主转变为以"学"为主,从而极大地转变了教育观念,这给教育方式、互动方式以及反馈方式上也都带来了极大的转变。学生的学习积极性也得到了大幅度的提升,从而拓展了学生的知识面,加强了对现有知识的巩固,然而最重要的是提高了学生的学习能力,为终身学习打好基础。

(二)从培养技能到培养创新能力

教育观念的转变还体现在对教学资源和教学方式的改变。传统的教育观念强调对存量知识的掌握,即教育的核心是帮助学生掌握既定的知识内容和技术技能。而随着教育技术的不断发展,新的教育观念倡导培养学生的创新精神和创造力。特别是人工智能推出之后,人们突然意识到,只掌握既定的知识已经不能适应社会的需要,人类的大部分重复性工作将被人工智能和机器人完全取代,那么人类的创造力才是最根本的能力。于是,在现代教育技术的推动下,当今的教育理念是借助各种先进的技术手段,努力挖掘学生的想象力和创造力,为学生创造更多的自主发展的空间和时间,充分发挥他们的主观能动性,发展学生解决复杂问题的能力,这些都是传统教育观念向现代教育观念转变的明显表现。

四、丰富教学手段弥补课堂的局限

(一)丰富了教学途径

现代科技的发展极大地提升了生产力的效率,并且体现在社会的各个方面和各个领域。就教育领域而言,现代教育技术从原来的一对多的知识灌输,即一名教师站在讲台上授课,一群学生被动地接受知识的形式,发展出了一对一、多对多以及多对一的形式,这不仅是教学手段的迭代升级,而且是教育互动方式的改变以及教育媒介的极大丰富。现在的学习者,获得知识与技能可以有多种多样的途径,除了最原始的教室以外,还可以通过视频、网络直播、音频课程、主题讲座等多种方式进行教学和学习,极大地丰富了教学形式。并且,对教学内容也进行了全方位的补充,在教学内容上,比如在音频资料、视频资料方面的补充;在教学形式上,增加了随时性、即时性、反复性等便利条件;在互动交流方面,增强了互动方式、交流形式,也丰富了交流的场所,使学习者有更多的机会与教师或者专家沟通,并且可以选择对自己更有利的方式进行。比如,一个非常内向的学生不敢在课堂上当着众多同学的面发表看法,如果有了互联网、多媒体等教学手段的补充,学生可以坐在自己家中上课,这样的环境和场合都有助于提高学生的自信心,更加积极地与老师和同学进行互动。

(二)提高了教学时效

各种先进的教学仪器和设备走进了课堂,得到了广大师生的喜爱。无论是高校理论课程的教学还是实践课程的补充,都有了显著的提升和改善,这其中包括计算机技术、大数据、3D、虚拟现实等最先进、最炫酷的科技手段和设备,有效地弥补了传统教学手段单一乏味的缺陷。以体育实践课为例,摄像机和摄像仪这些音像设备,对技术动作的难点讲解以及各个肌群用力特点等微观知识的教学是一种有力的支持,有效弥补了原来仅凭教师语言描述、学生自由发挥想象的局限性,为学生建立起直观的运动技能表象,加强了学生的想象力,让学生保持较高的学习积极性和学习热情,有着重要的现实意义。

五、促进学生综合素质的提高

现代教育技术对促进学生的全面发展和综合素质的提升具有重要意义。学生的综合素质除了德、智、体、美、劳基本素质要求之外还有了新的要求。比如,现代教育语境下强调学生要具有良好的沟通能力、人际交往能力、团队协作能力、一定的领导力、影响力、自主学习能力、创新能力以及竞争意识,还要具备在变化中解决复杂问题的能力。而这些综合素养的训练和提高,仅凭教师的语言讲述和教导是无法实现的。现代教育技术的普及,使这些成为可能。

以自主学习能力为例,现代社会是一个信息爆炸的时代,那么学生就要具备在浩瀚、庞杂的信息中准确定位和选取对自己学习有用的信息的能力。在技术层面上,包括善于利用互联网搜索、鉴别、筛选、利用信息的能力,以及在现有的基础上发现问题并自主寻求解决方案的能力,比如通过专业的论坛寻找该领域的专家学者或者爱好者,交流互动,实现资源共享,寻求协同合作等。在人文层面上,了解来自不同文化背景下的人们对于信息的情感态度和价值观,从而丰富自己的世界观,培养一定的国际视野,树立强烈的社会使命感和责任感。在教育领域,无论教师还是学生,要在社会中立足、具备竞争能力,都必须具备良好的信息获得和鉴别能力,而这一能力的养成离不开现代教育技术的先进理论和技术支持。

六、促进学生思维能力的提升

现代教育技术是培养学生思维能力的重要手段。授之以鱼不如授之以渔,现代教育尤其强调了对学生知识结构和思维能力的训练,这是教育水平和教育效果的根本体现。而知识结构也需要建立在全面、有力的思维能力的基础之上,因此,思维能力训练是现代教育的核心。而现代教育技术对培养学生思维能力发挥的作用主要体现在以下几个方面。

(一)现代教育技术打造了最佳的学习情境

建构主义学习理论认为,学习是在情境中进行的,因此,通过现代教育技术可以帮助学习者打造自由的发展空间,营造积极的学习氛围,为思维训练做好准备工作。情境教学是建立在基础上的。比如利用多媒体和3D全息投影技术,可以帮助学生全身心地融入情境中,激活了学生的探索欲、表达欲,从而主动地、自由地进行思考和探索,这是培养其思维能力提高的最有利的条件。

(二)现代教育技术有助于培养学生的发散思维

传统教育以传授知识和发展技能为主。长期执行这样的教学思路很容易禁锢了学生的思维发展。最突出的是单一的教学手段会抑制学习者学习潜力的开发,以及抑制主动思考、主动探索和发散思维的培养。而现代教育技术的特点是,它的教学组织形式是非线性化,相反是非常多元的,使学习者可以自由地选择适合的学习途径,获得最佳的学习效果,这对发散思维的提高最为明显。

(三)现代教育技术有利于培养学生的形象思维

毋庸多言,现代教育技术的特点之一就是多样性,从原来单一的文本素材到视听影像、三维立体等获得了极大的进步。这对学习者形象思维的训练发挥着举足轻重的作用。在培养形象思维方面,多媒体的动画、影像、3D影像等形式,为发展学生的联想能力和想象能力提供了最好的支持。

(四)现代教育技术有利于培养学生的逻辑思维

逻辑思维是以概念、推理的形式来反映客观事物的运动规律,是对事物的本质和内部联系进行认识的过程。计算机技术包括众多软件的强大功能可以帮助学生通过人机交互,很好地演练逻辑推理的过程,让学生通过亲自体验演示、检测和反馈评价的过程,直观而且深刻地锻炼他们的逻辑思维能力。

(五)现代教育技术增强培养学生的直觉思维

直觉思维是常常被传统教育忽视的一种思维能力。它是指人脑不借助于逻辑推理而综合运用已有的知识、信息和经验,以高度省略、简化、浓缩的方式洞察事物实质的能力。直觉思维并非凭空臆想,它是一种超越逻辑的思维方式,需要经过大量的、丰富的实践,以及深厚的知识积累才能实现。而现代教育技术的最大特点是直观地利用动态手段,对表象之间进行大量的、非语言的、抽象的整合运用,从而大幅降低学生的发现难度,是训练学生直觉思维的理想手段。

第四节 现代教育技术的理论基础

现代教育技术的理论基础涉及很多学科和领域,因此是多层次、全方位的,如果要进行全面梳理将是一个非常庞大的工程。因此,我们这里仅就选择最为根本的几个理论进行研究。它们分别是学习理论、教学理论、系统科学方法论以及教育传播理论。

以上这些理论为现代教育技术的研究和发展提供了某个方面的理论指导,为它的进一步发展打下了坚固的基础。现代教育技术是以一种开放的姿态,博采众长,凡是有利于现代教育与教育技术发展的理论都积极展开借鉴。在众多相关学科研究成果的基础上,保持开放和学习的姿态,能够快速地发展起来。并且,随着越来越多的实践和推进,具有现代教育技术特色的观念、理论和方法体系正在逐步完善和成熟起来。

一、学习理论基础

学习理论的根本目的是阐明学习的产生、程序、规律以及提高它的有效性的一系列问题。在研究学习理论之前首先要明确学习者是学习的主体，居于核心位置。因此，它的目的是以提高和促进学习者的学习为中心展开的。在这一前提下，研究学习过程的心理机制就显得特别重要，因为只有对学习者的认知水平、行为机制以及过程中表现的特性进行清晰的认识和了解，才会使教育技术的发展发挥重要的指导作用。

（一）行为主义学习理论

行为主义学习理论是由行为主义心理学流派演变而来，产生于20世纪20年代，代表人物主要有巴甫洛夫、华生、桑代克、斯金纳等人。行为主义学习理论的基本观点如下：

（1）学习是刺激与反应的过程，什么样的刺激带来什么样的反应；

（2）学习过程是渐进式的，是一个尝试、错误、成功的递进过程；

（3）学习进程的步子要小，要遵循着由部分到整体的过程进行；

（4）强化是学习成功的关键。

行为主义学习理论强调了学习过程中的几个关键的特点，可以有针对性地指导教师的教学过程。比如，最为基本的一个观点，人类的学习过程是接受外界刺激，并对该刺激做出反应的过程。因此，教师的任务是向学习者提供适当的"刺激"，学习者的任务则是通过掌握新的知识和技能来积极地接受和消化这种刺激。并且，它强调了这种刺激以渐进式进行，步子不能太大，也不能过于强烈，应该以学习者能够接受的程度进行，是一种适度的挑战。最后，它还指出学习成功的关键是进行强化，学习者唯有通过强化才能牢固地掌握知识和技能。

行为主义学习理论的不足之处在于，它片面地强调了外部刺激，而忽视了学习者的内部心理过程。因此，行为主义学习理论对早期的程序教学产生了积极的影响。但是，外部行为规律的全面表达，还需要与人的认知过程相结合，还需要对人的复杂的认知过程进行解释。

（二）认知主义学习理论

认知主义学习理论的主要贡献在于，它弥补了行为主义学习理论无法清楚地解释人类内部的心理过程，从而为教学带来诸多复杂的学习问题。在发展认知主义学习理论的过程中，具有代表性的人物有布鲁纳、奥苏贝尔等，这一理论的基本观点如下：

（1）学习不是刺激与反应的直接联结，而是知识的重组，是认知结构的组织与再组织；

（2）学习是靠突然的领悟和理解实现的，即如果仅有犯错、尝试的累计而没有顿悟，也不能实现；

（3）学习是信息加工过程；

（4）学习不是盲目的尝试，需要建立在智力理解的基础上进行；

（5）学习和认识事物首先要认识它的整体，如果整体理解有问题，则很难实现学习任务；

（6）外在强化并不是必要因素，在没有外界强化的条件下，也会出现学习。

不难发现，认知主义学习理论在行为主义的基础上，对学习过程进行新的解释。它首先否定了原来行为主义关于学习是刺激与反应的简单联结，并从认知结构上进一步做出解释。其次，将原来行为主义认为的学习是一个渐进式过程，进行了一定的修正，认知主义认为学习的关键环节是顿悟，重复犯错、尝试、再犯错、再尝试这一过程并不能完全地实现学习，它必须经过顿悟才能实现，因此盲目的尝试是徒劳的。认知主义与行为主义最大的分歧在于，认知主义认为学习首先有整体认识，并且，外部强化不是学习的必要因素。

简而言之认知主义更加强调学习者的内部心理过程，它认为学习者的学习是根据自身的态度、需要、兴趣和爱好出发，利用已有的知识和经验，对新的外部刺激作出的有选择的信息加工过程。因此，教学的过程应该更加关注学习者的需要、兴趣、爱好和经验，并设法激发学习者的学习兴趣和学习动机，并且要将新的学习刺激与学习者原有的认知结构有机联系起来，这样才是一个合理有效的教学过程。认知主义学习理论强调的是学习者的内部心理过程和主观因素，它侧重对学习者心理过程的研究，但是心理过程并不能等同于学习过程。因此，这就为建构主义学习理论留下了空间。

（三）建构主义学习理论

建构主义学习理论的内容十分丰富，但它的核心内容是学习者以自身发展为中心主动建构内部心理表征的过程，它强调学习者对知识的主动探索和主动发现，并以自身为根基主动构建出一个知识体系。建构主义学习理论认为知识是在一定的社会文化背景下通过意义建构的方式而获得的。在这一过程中还需要一定的社会资源和人际协作才能完成。因此，建构主义学习理论认为社会背景、人际协作和学习资源是学习的重要因素。

二、系统科学方法论

系统科学方法论是研究系统的结构和规律的学问，是在系统论、信息论和控制论的基础上形成的，是信息时代认识世界和改造世界的一种重要的方法论。所谓系统科学，就是分析和研究要素、结构和功能三个方面之间的关系和变化规律，并以优化系统的观点来看待问题。

把系统论引入教育理论是一个多因素、多层次、多功能的复杂系统。系统科学方法论的观点和方法渗透在现代教育技术的各个领域，特别是从中提炼和抽象出来的系统科学基本原理包括反馈原理、有序原理和整体原理，对教育技术学的形成和发展具有深远影响，是现代教育技术的重要理论基础。

三、教育传播理论

教育传播理论是传播理论与教育理论的融合。传播理论主要关注信息传播活动的共同规律。从某种意义上来说，教育也是一种信息的传播，是通过不同的方式和途径将知识和技能进行有序传播的一种活动。用传播理论的观点和方法解释教育现象，便产生了教育传播理论。

教育者按照一定的目的，将特定的信息内容通过有效的途径传播给学习者，并且以知识、技能、思想观念等不同维度来让学习者构建自己的知识体系，教育者再根据一定的目标和标准，对受教育者进行学习效果的验收和评价，使他们得到有益的反馈信息。总之，是研究教育者和受教育者之间互动过程的理论。但是，这种活动可能是直接进行的，也可能是间接进行的。间接进行的更加强调学习者的自主学习过程,他们的渠道相对多元、途径相对复杂,反馈相对漫长。但无论哪种形式,都是以信息的流动构成完整的教学系统。

教育传播理论的研究着重对现代教育传播媒体与教师、学生关系的研究,着重对现代教育传播媒体所传递的信息内容、信息结构以及它对教师、学生所产生的影响、效果的研究。其贡献主要在于,它对教学传播过程所涉及的基本要素、教学传播过程的基本步骤、教学媒体的选择和设计以及教学传播基本规律的总结和归纳都有所涉及。因此可以说,教育传播理论是现代教育技术的重要理论基础。

第二章

现代教育技术的科学应用研究

在互联网时代，随着现代教育技术的飞速发展，其在学校教育中的应用越来越普遍。将现代教育技术运用到学校教育中，有利于转变传统教育观念，为广大师生提供更加广阔的教学平台和非常丰富的教学资源，打破时空因素的限制，实现教育资源共享，最终提高现代教育水平，推动学校教育的现代化发展。本章主要对现代教育技术的科学应用展开研究，首先分析常见教育技术在教育教学中的应用，然后分别对信息化教学设计、信息化教学资源开发以及信息化教学环境建设展开研究。

第一节 常见教育技术在教育教学中的应用

一、数字校园网络的教学应用

数字校园网络通常是指利用网络设备、通信媒质以及各类系统管理软件将校园内计算机和各种终端设备有机地集成在一起,同时通过防火墙与外部网络连接,以用于教学、科研、学校管理、信息资源共享和远程教育等方面工作的局域网。[①]建设数字校园网络,可以充分利用现代化手段全面支持学校教学、办公、管理以及对外交流等,提高教学质量和科研水平。

数字化校园网络以信息中心为中心,以内网、外网为两大组成部分。内网也就是校园 Internet,网络覆盖学校教学楼、办公楼、实验楼、图书馆、宿舍楼等区域,主要为学校教学、管理和科研服务。外网主要提供对外服务。数字校园网络主要服务于学校教学、科研和信息交流,具体应用在下列几个方面。

(一)信息发布

学校内网主要供校内师生工作和学习使用,外网主要用于对外信息交流,向社会展示学校形象。学校通过网站主页公布会议通知、重大事件等信息,校园网上也会详细介绍学校的发展历史、院系和专业设置、招生就业信息等重要信息与资料。

(二)教学应用

校园网通常都建设了相应的网络教学平台,为学校开展网络教学活动提供支持,如教师备课、上课、组织测试;学生选课、学习、参加考试等;教务人员对学校教学工作的数字化管理;远程教育的开展等。校园

[①] 张春苏,王冬梅.普通高等教育"十二五"规划教材 现代教育技术基础[M].北京:科学出版社,2016.

网的教学信息资源库有检索、下载等功能,为师生提供了便利。

(三)数字图书馆

数字图书馆是以数字校园网络为基础的一个开放平台,该平台将丰富多彩的多媒体信息数字化,并组织与存取这些信息资源,从而为学校师生查阅图书和图书管理者进行管理提供便捷。

(四)科研应用

校园网络使各类计算机硬件资源、软件资源及学术信息资源被校内外用户共享,从而降低科研成本,提升科研效率。师生可利用校园网络查阅科研资料,并与其他专业人士进行交流。

(五)管理应用

校园网为学校在人事、教务、科研、财务、后勤管理等方面提供一个先进的分布式管理系统,为各类管理人员收集、统计、分析各种信息提供了便利,提高了办公效率。除网络教学管理外,校园网的管理应用还包括网上行政办公、学籍管理、档案管理等。

二、网络教学机房的教学应用

网络教学机房也称"网络教室",是集普通的计算机机房、语音室、视听室、多媒体演示室等功能于一体,利用网络和多媒体技术将多台计算机及相关网络设备互联而成的小型教学网络。高校很多教学任务都可以利用网络教学机房来完成,网络教学机房的主要应用如下。

(一)电子备课

教师在网络机房备课可以解决电子课件制作中资料不足、文件较大、不易移动等问题。网络机房有包含大量资源的资源库,教师可以在课上灵活选用资源。资源库的资源可以被共享,如学校购买教学资源存入服务器中供教师共享。

(二)课堂教学

网络机房有机整合多媒体教学信息,为多媒体课堂教学的开展提供方便。在课堂教学中，采用文本、动画、声音、视频等多媒体形式传播教学信息，也可以引入其他直播课堂，从而调动学生的积极性。教师还能利用多媒体课堂教学对学生进行个别辅导。

（三）学生自学

学生在更加开放、自由的学习环境中利用网络机房的学习资源进行独立学习，利用共享资源可以学习很多新知识。

（四）网络测试

教师利用网络机房组织网络考试，实时了解学生的答题情况，然后利用相应功能自动阅卷，将结果及时反馈给学生，帮助学生分析与处理问题，有效提高了教学效率。

三、多媒体教室的教学应用

多媒体教室也称"多媒体演示室"，是根据现代教育教学的需要，将多媒体计算机、投影、录音、录像等现代教学媒体结合在一起而建立起来的综合教学系统。多媒体教室是高校信息化教学中最基本的硬件资源，其具有以下重要功能和优势。

（1）连接校园网络和Internet，便于教师调用丰富的网络资源，实现网络联机教学。
（2）连接有线数字电视系统，在教学中充分利用电视媒体。
（3）演示各类多媒体教学课件，开展计算机辅助教学。
（4）展示实物、模型、图片、文字等资料。
（5）以高清晰、大屏幕投影显示计算机信息和各种视频信号。

多媒体教室在不同学科的教学中都得到了广泛而频繁的应用，具体应用在下列几方面。

（一）课堂演示教学

在课堂教学中，教师将多媒体系统利用起来，在大屏幕上直接投影主要教学内容，或将事物运动（微观世界）、现实场景（宏观世界）运用多媒体来模拟演示。这便于直观明了地将教学信息传递给学生，激发学生的学习积极性，促进课堂教学效率的提高和教学效果的改善。

（二）播放教学课件

教师通过多媒体教学系统播放自己在备课中准备好的多媒体教学软件，如录音带、VCD等各种视、音频软件，从而烘托课堂氛围，调动学生兴趣，促进教学效果的提升。

（三）搜索教学信息

与校园网相连的多媒体教室为教师根据教学需要而随时调用教学资源提供了极大的便利。

（四）常规教学

在多媒体综合教室不仅可以进行多媒体教学，还能像传统课堂一样使用黑板、粉笔等用具进行常规教学。

第二节 信息化教学设计

信息化教学设计是围绕学习者这一中心，运用系统的方法和现代信息资源来具体计划各个教学因素与环节，如教学目标、教学内容、教学方法手段、教学评价、教学管理等，基于此对系统化的教学程序进行创设，从而最大程度地优化教学过程，保障教学效果。

在信息化教学设计中，对问题情境的创设是一个非常重要的环节，创设恰当的问题情境，使学生明确任务项目，将重要信息资源提供给学生，进而指导学生进行探索式或协作式学习，提高学生的学习效率。信息化教学设计中应重点设计教学问题、教学过程、教学资源、教学策略以及教学评价方式等内容。

一、信息化的概念由来

信息技术是现代科技的重要组成部分，其从20世纪80年代发端开始就给人类的生活方式给带来了巨大的影响。我国还未进入完全的工业化时代,但已经迎来了信息化时代,这也是我国现代化发展的重要成果。信息技术进入人们的生活,使人际往来的时空限制被打破,全球各国、各民族、各地区甚至每个角落都因为信息技术的出现而联系越来越便捷、紧密,也正因为信息技术的出现,全球人民共建"地球村"的美好愿景一步步实现。全球各国借助信息化手段而相互联系,友好往来,各种不同的价值理念、民族文化相互交流、融合。可见,信息技术产生与发展的意义不是简单地停留在传播工具的更替和现代传媒的快捷,它成为人类对网络社会加以构筑的重要基础,它改变了人们的价值观念,也使得人类的思维方式和生活方式都发生了重大的改变。

20世纪60年代是"信息化"概念最早出现的时间,当时由日本科技研究人员提出"Johoka"一词,该词被解释为信息化。最初提出信息化时,人们将其理解为信息产业化,而社会信息化被视作信息产业化的目标。日本学者后来又对"信息化"的涵义作了详细的解释,并指出构建社会信息化的宏伟目标,而当信息产业在社会中居于支配地位,产生巨大的社会影响力时,才算真正进入了信息社会。后来有关学者又深入研究了信息化的相关概念,如信息革命,信息社会等,这些研究提高了人们对信息化的认识,并对进一步研究信息化概念具有重要启示意义。

对信息化概念的研究观点主要是从产业基础、社会意义、技术特征等视角出发而提出的,有的学者认为信息化就是将信息技术利用起来而促进信息经济增值与发展的过程;有的学者认为信息化是社会文化发展到一定阶段的产物,是文化进入全新发展阶段的过程;还有的学者认为信息化是一种新的社会格局、经济格局,它是相对于工业化而言的。总之,信息化具有重要的社会意义和文化意义,信息化的发展促进了社会结构的优化,使人们的生产生活方式、就业方式、消费方式等发生了翻天覆地的变化,它的意义不仅表现在技术领域、传播领域、经济领域,更表现在对社会生活各个方面的全方位渗透,是社会变革的伟大成果,是人类文明发展的重要成就,我们要高度重视信息化的经济意义、社会意义以及文化意义。

一、信息化教学设计的要点

在信息化教学设计中,以下三个方面的要点应着重把握。

（一）以教学过程设计为核心

将教学过程设计作为信息化教学设计的核心部分，在这一环节注重创设良好的学习环境和充分利用丰富的学习资源。在建构主义理论的启发下，教师应该在教学情境的创设和教学资源的开发中将现代信息技术充分利用起来，引导学生在特定教学情境中自觉进行探究式学习，并在学习中将丰富的学习资源充分利用起来。

（二）依据教学目标确定教学内容

对教学内容的确定与安排要以单元教学目标为依据而进行，而不是单纯以完成教学任务为主。也即是说，将确定教学目标作为教学设计的首要环节，将对照教学目标进行教学评价作为教学设计的最后环节，如此循环往复。这也是信息化教学设计的基本原则之一。在信息化教学设计中要以教学目标为依据而对教学内容进行开发、选用，再从确定的教学内容出发而进行课时的安排、评价方式的选用。

（三）注重培养学生的实践能力

对于以交叉学科专题为主的学习内容，要善于从客观世界中发现和选择综合性的问题，从现实问题出发进行信息化教学设计，从而培养学生利用所学知识解决实际问题的能力，提高学生的实践能力。

二、信息化教学情境创设

情境创设是信息化教学设计中的重要环节，在这个环节中要从特定教学目标出发对问题情境进行创设，并安排相应的教学内容，将之融入依托现代信息技术而开展的与客观现实极为相似或接近的活动中，使学生在近似真实的情境中解决实际问题，提高学习的有效性，提升实践能力。

信息化教学中教学情境的创设情况直接影响学生学习的积极主动性。学习并不是简单获取知识的过程，而是一个复杂的认知过程，这个过程中包含丰富的情感元素。要在教学中激发学生的兴趣、引起学生的共鸣，就必须创设恰当的能够满足学生情感需求的教学情境，如果教学情境创设得不合理，则可能引起学生的反感和抵触情绪。具体来说，创设合理的教学情境要注意以下几个要点。

(一) 立足学生实际

在教学情境的创设中,要从学生的实际情况出发而提出问题和整理对学生而言有参考价值的引导材料。在信息化课堂教学中,教师首先要思考如何依据教学目标、教学要求而创设与教学内容密切相关的教学情境,如何通过恰当的教学情境调动学生的学习积极性,使学生将已有知识和经验运用到学习中,这些问题需要教师结合学生的实际情况去思考和解决,具体要做到下列几点。

首先,从学生的真实生活出发创设教学情境,从学生熟悉的生活情境中取材,将其加工为符合教学主题的教学情境,或从教材中选取与学生日常生活最为接近的内容,使学生体会自己学习的知识与自己的生活息息相关,增添学习乐趣和动力。

其次,从学生生活中容量较大的情境中选取开放式的情境,将其加工为教学情境,使学生在这样的教学情境中进行开放式思考,多角度分析问题,多元化解决问题,从而培养学生的探索能力、创新能力以及解决问题的实践能力等。

最后,从教学内容出发对教学情境进行设计,将情感元素融入教学情境中,调动学生的学习热情,激发学生的内在学习动机,使学生以良好的情感状态和积极的情绪参与学习活动,满足学生的求知欲、好奇心等情感需求,使学生的内在学习动机保持得久一些,而且动机越来越强烈,从而不断获得良好的学习成果。

(二) 熟练教材

教师创设教学情境时,教学内容是重要的客观依据之一,依据教学内容创设符合主题的教学情境,更有助于强化教学效果。教师要从教学目的、教材特点、教学要求等方面综合考量对教学情境的创设问题,包括是否创设、创设什么以及如何创设等问题。这就要求教师对教材内容有充分的把握和深刻的领会,这是教师精心创设教学情境的基础与前提。只有将教材吃透,准确把握教学重难点,才能有针对性地设置情境与问题,进行多媒体课件的设计,才能对创设的情境轻松驾驭和调控,达到创设情境的预期目的。相反,没有吃透教材,无法熟练驾驭教材的教师无法从教学内容中体会出相关意境,教师自身对教材不敏感,便难以通过恰当的情境去调动学生的求知欲和学习兴趣，必然会影响学生学习的积极性。

（三）设计创设教学情境的方案

在教学情境创设方案的设计中，要重点着手对以下问题的处理，包括确定与描述教学目标、开发利用课程资源等教学材料、选择恰当的教学情境、设计教学组织形式以及编制方案。

为了创设出最恰当的教学情境，可以先设计几个不同的创设方案，从多个方案中择优。选择最佳方案时，需要与同行进行交流讨论，同时也要征求学习者的意见，最后将最理想的方案确定下来。

创设教学情境时，应提出合理的概念支架，便于学生更好地理解教学内容，支架中应包括有利于学生进一步理解问题的相关概念，这就要求教师在创设教学情境时分解复杂的学习任务，将便于学生理解学习任务的相关概念融入教学情境中，从而引导学生深入理解知识和问题，从而更好地分析问题与解决问题。

三、信息化教学策略设计

建构主义理论下的信息化教学策略中，支架式教学、任务驱动式教学是比较成熟的教学策略，对提升信息化教学效果具有重要意义。下面具体分析这两大教学策略。

（一）支架式教学

"支架"原为建筑隐喻，用来描述同行、成人或有成就的人在另一个人的学习过程中提供的有效支持。一些教育学家将"支架"解释为从学生的学习需要出发而为他们提供必要的帮助，当他们能力得到提升且达到一定的水平时将停止提供帮助。当学生面临的学习任务有难度时，教师根据学生的需要将一些重要的学习材料提供给学生，可将这些材料称作"学习支架"。教师并不是要不断给学生提供帮助，当学生对学习任务有了正确的理解，并知道该如何完成任务时，提供的帮助就要逐渐减少，最终停止对学生的帮助，由学生独立解决后面的问题，此时学习的责任由师生共同承担转移为由学生单独承担。

教师向学生提供学习支架，即提供帮助和支持，学生并不是要"全盘吸收"这些帮助,而是要从实际需要出发适当修改和选择"支架",而且学生在教师的支持与帮助下要学会对属于自己的学习支架进行创建,学会独立进行探索式学习,培养自己的探索能力和创新思维能力。

支架式教学中经常应用的学习支架有以下两种。

1. 范例

范例是符合学习要求、达成学习目标的阶段性学习成果或最终学习成果,它是最典型的学习成果形式。一般情况下,最重要的学习思路和学习步骤往往都包含于范例中。好的范例对学生学习具有良好的引导作用,包括主题上的引导和技术上的引导,范例并非都是有形实体,如电子文档等,也有可能是语言描述的学习过程或教师展示的示范性操作过程,这些形式的范例都能起到引导作用。

2. 指南向导

在学生自主探究式学习中,教师根据学生学习需要而提出的教学指导、教学建议往往能够起到重要的引领和导航作用,学生听取教师的建议,在教师的引领下进行有目的的学习,往往能够少走弯路、少出错,从而提高学习效率。

(二)任务驱动式教学

"任务驱动式"教学就是在若干典型"任务"的驱动下展开教学活动,引导学生循序渐进地完成"任务",从而得到清晰的思路、方法和知识的脉络。在引导学生完成一系列"任务"的过程中对学生的实践能力进行培养,如对问题的分析能力、寻找解决方案的能力、方案操作能力以及运用计算机进行信息收集和处理的能力等。在任务驱动式教学过程中要不断激发学生的好奇心,调动其学习欲望,对其独立自主学习的能力、主动探索的能力以及勇于开拓进取的精神进行培养,使学生在进步与收获中体验成功,提升成就感。

在信息化教学中采用任务驱动式教学策略,要特别注意以下几个方面的要求。

1. 系统构建教学情境

利用计算机网络平台实施任务驱动式教学策略，要注重对网络连接的完善和对电子教室软件功能的改进，以便对学生操作情况进行监测。为给教师进行操作演示的重播提供便利，同时给操作能力落后的学生提供帮助，给操作水平好的学生展示作品、分享成果提供平台，可以在条件允许时安装大屏幕。

需要注意的是，在教学情境的系统构建中对于有重要参考价值的素材和范例可以准备得多一些，从而为开拓学生的视野、调动学生的想象思维以及提升学生的探索能力而提供支持与帮助。

2. 任务要有真实性

教师应设计具有真实性或与学生实际生活接近的、具有现实意义的学习任务，不要设计"虚拟"任务，真实的任务更有利于激发学生的求知欲和探索热情。

3. 任务要有操作性、挑战性

教师要根据学生的真实水平来设计具有操作性、挑战性的任务，保证大部分学生可以完成任务，使其体验成功，获得成就感，增长自信，保持继续探索的热情和动力。

在课前可以预先安排一些教学任务，使学生在预习阶段先独立探究和思考，从而提高课堂教学效率。任务的挑战性要因人而异，教师应为高水平学生设计挑战性较大的学习任务，从而考验学生的真实水平，挖掘学生更多的潜能。

4. 注重内容体系的完整性

任务驱动式教学策略如果操作不当，容易造成教学内容碎片化的问题，从而无法保证教学内容的完整性和系统性，这样学生会将更多的注意力放到学习任务上而非学习内容上，学习方向出现偏差。对此，教师应在实施任务驱动式教学策略的过程中不断强调学习目标以及学生目前状态与学习目标之间的距离。

教师可以将学习路线图展示于大屏幕上，使学生更清楚自己正处于哪一学习阶段，为解决学生理论知识掌握不足的问题，有必要安排专门的专题讲座,学生掌握理论知识有利于建立系统的理论框架,在建构主义理论下进行更加系统和完整的学习。

第三节　信息化教学资源开发

一、信息化教学资源概述

(一)信息化教学资源的概念

在信息技术环境下对教育信息加以承载的各种资源就是所谓的信息化教学资源。信息化教学资源是非常重要的信息化教学材料,其以数字形态存在,教育价值非常重要。信息化教学资源包含各种数字化教学软件、数字化素材等。

(二)常见的信息化教学资源

信息化教学资源丰富多样,以下几种是高校运用较多且重点开发的信息化教学资源。

1. 教学素材

在信息化教学中对教学信息进行传播的文本素材、音视频素材、图形动画素材等就是信息化教学素材。

2. 教学课件

教学课件是以多种媒体表现的一种软件,在相关科学教育理论的指导下,从教学需要出发,将教学课件的制作作为教学设计的一环,课件应具备结构合理、满足教学需要的要求。

3. 网络课件

网络课件是指对一个或几个知识点实施相对完整教学的软件,根据运行平台可分为网络版的课件和单机运行的课件。

4. 教学案例

教学案例指的是由丰富的媒体元素组合表现的代表性现象或事件，其往往具有重要的教育意义和现实指导意义。教学案例的完整性主要体现在其包含的 4 个重要组成部分，分别是教学设计方案、教学课件、课堂教学视频以及教学反思。

5. 网络课程

在某学科教学中利用计算机网络开展教学活动、呈现教学内容，这是建设网络课程的基本方式。网络课程主要由下列两个部分组成。

第一，通过计算机网络呈现的教学内容，这是以教学目标为依据、运用一定教学策略组织起来的。

第二，在网络教学平台实施的教学活动，这是网络教学支撑环境的核心内容。

6. 文献资料

和教育相关的政策、制度、条例、数字图书、重要文章及重大事件记录等都属于文献资料的范畴。

7. 学习网站

学习网站指的是具有网络教学功能和提供相关服务的网站，从学科教学目标出发，运用 Web 技术对丰富的数字学习资源进行整合，并在学习网站中系统展示，以供学生参考。

8. 试题库

试题库是基于数学模型而开发的一种教育测评工具，它是在科学的教育测量理论指导下开发的，将某个学科的题目整合到计算机系统中，从而便于对学习者展开测试。

二、信息化教学资源开发的原则

(一) 科学性原则

开发信息化教学资源要遵循科学性原则，杜绝低级趣味，在科学的基础上追求生动性和趣味性,具体要做到以下几点。

（1）在开发信息化教学资源的过程中,必须准确、规范地进行各个环节的操作。

（2）必须选用符合科学规律的材料、例证和逻辑推理。

（3）按照科学要求来表现真实的内容,包括图像、色彩、声音都要真实,不能以牺牲内容的真实性为代价而过分突出艳丽的色彩、生动的画面以及悦耳的声音。

（二）教育性原则

遵循教育性原则指的是要根据教育教学规律而开发信息化教学资源,具体要做到下列几点。

（1）教学资源要与学生的认知水平、学习规律相符。

（2）从教学需要出发,依照教学大纲要求而开发能够使教学需要得到满足的教学资源。

（3）呈现信息化教学资源的内容时,要做到简明扼要,条理清晰,重点突出。

（4）将教学内容用恰当的媒体元素呈现出来。

（三）技术性原则

开发者要熟练掌握现代教育技术和教学资源的开发技术,根据技术质量标准来开发信息化教学资源,具体要达到以下标准。

（1）音质好、色彩明朗、图像清晰。

（2）操作快捷。

（3）运行稳定、灵活。

（4）交互性强、容错性好。

（5）导航合理。

（四）开放性原则

开发信息化教学资源要充分贯彻开放性原则,开放性具体表现在下列三个方面。

1. 结构体系的开放性

开发的信息化教学资源要具有系统性、立体性,及时补充和完善教学资源,实现教学资源的开放与共享。

2. 资源内容的开放性

教学资源要能够满足学校教育和社会教育、正式教育和非正式教育的需要,要满足各种学习者的需要。

3. 开发人员的开放性

开发信息化教学资源的主体主要是教师,但不限于教师,学科专家、教育专家、教育学者、有经验的学习者以及愿意为教育事业做贡献的社会人士等都可以开发教学资源。

(五)艺术性原则

开发信息化教学资源还要遵循艺术性原则,具体要做到下列几点。
(1)资源内容力求反映生活中的真、善、美。
(2)构图清晰匀称、变换连贯。
(3)声音顿挫有致、避免噪声。
(4)光线与色彩明暗适度、调配恰当。

(六)经济性原则

开发信息化教学资源要坚持经济性原则,具体要求如下。
(1)制订周密的资源开发计划。
(2)争取以较少的资源投入开发出丰富多样的、高质量的资源。
(3)切忌盲目的重复开发,注意适当改造和充分利用现有资源,提高资源的循环利用率。

(七)创新性原则

开发信息化教学资源必须与时俱进,紧跟时代潮流。信息化教学资源开发的创新主要体现在开发理念、理论、内容、技术、模式以及形式等方面。

三、信息化教学资源开发工具与技术

（一）多媒体素材开发工具

多媒体素材是指多媒体课件以及多媒体设计中用到的各种视觉、听觉的工具材料以及承载教学信息的基本单位，如文本、图形、图像、视频、音频等。媒体素材开发工具见表 2-1。

表 2-1　多媒体素材开发工具[1]

类型	开发工具软件
文本素材	记事本
	写字板
	Word
	WPS
图形图像	Photoshop
	CorelDraw
	Fireworks
	Snagit
视频	Adobe Premiere
	Adobe After Effect
	Ulead Media Studio
音频	Adobe Audition
	Sound Forge

（二）多媒体课件开发工具

多媒体课件的开发实际上就是有机组织多媒体素材的相关元素，并有效表述某一知识点。多媒体课件开发工具见表 2-2。

---

[1] 赵蔚，刘红霞.现代教育技术[M].长春：东北师范大学出版社，2017.

表 2-2　多媒体课件开发工具

类型	开发工具软件
演示文稿	PowerPoint
	WPS
课件	Flash
	Authorware
	CourseMaker
	屏幕录像专家
动画	Flash
	3DS MAX
	MAYA

（三）网络课程开发技术

网络课程是通过网络表现教学内容和实施教学活动的综合性教学资源，网络课程建设中要建立学习资源库，设置导航和检索系统，还要提供支持学习的功能模块，实现教学交互以及对教学的管理。网络课程开发技术见表2-3。

表 2-3　网络课程开发技术

类型	开发工具软件
静态课程	HTML
动态课程	ASP
	ASP.NET
	JSP
	PHP 数据库
	学习管理系统（Blackboard，Moodle，Sakai 等）

四、信息化教学资源的开发途径

随着现代教育技术的迅猛发展及其在高校教育中的广泛应用，高校师生对信息化教学资源的需求越来越大,也越来越高,信息化教学资源的开发自然越来越受重视。科学开发丰富的信息化教学资源,应该重点从下列几个方面着手。

（一）数字化改造教学资源

教师在长期的教学实践中保存了大量的信息化教学资源,如录音、图片、文稿、视频等,这些教学资源的教学价值较高,采用数字化方式来改造这些资源可以使其教育价值提升并得到更好的利用。例如,利用扫描仪等数码设备将文稿、图片转化为能够在计算机上加工的数据,然后在教学中加以利用,这样不仅节约了教育成本,也使有重要教育价值的教学资源得到了充分利用,发挥了其重要价值。

（二）建设教学资源库

对教学资源库的建设与充实要从以下几方面着手。

第一,对多媒体素材进行收集与整理,主要方式有扫描、网络共享、专业制作等。

第二,从教学需要出发,将教学研发工具或多媒体制作工具利用起来去编辑素材,加工整理,发挥教学资源的重要功能。

第三,各种类型的教学应用软件积累到一定程度时,要实行专人管理制度,对教学资源库进行管理与维护。

（三）注重开发网络课程

开发网络课程是信息化教学资源开发的重要途径,具体从以下几方面着手开发。

第一,开发网络教学平台、网络教学管理平台等支持网络课程实施的工具,为师生进行创造性的网络教学和网络学习以及管理者进行新模式下的教学管理提供便利。

第二,教师学习并掌握计算机网络教学设计技术,树立先进的教学理念,设计网络教学方案,在互联网环境下开展具有时代性和现实意义的线上教学活动。

第三,组建专业的团队来开发与建设网络课程,只有从专业角度录制、剪辑网络课程,并上传到信息化教学平台,实现资源共享,才能给师生带来最大的便利。

第四节　信息化教学环境建设

一、信息化教学环境的基本理论

(一)信息化教学环境的概念

信息化教学环境是开展信息化教学活动的基本条件。在现代教育理论指导下运用现代信息技术创建的教学环境就是信息化教学环境。信息化教学环境包含在信息技术条件下对教师教授活动和学生学习活动产生直接或间接影响的所有因素和条件。

(二)信息化教学环境的构成

现代信息化教学环境是一个非常庞杂的系统,其大概可以分为物理环境和文化心理环境两大类,每类环境下又包含诸多不同的要素,基本结构如图2-1所示。

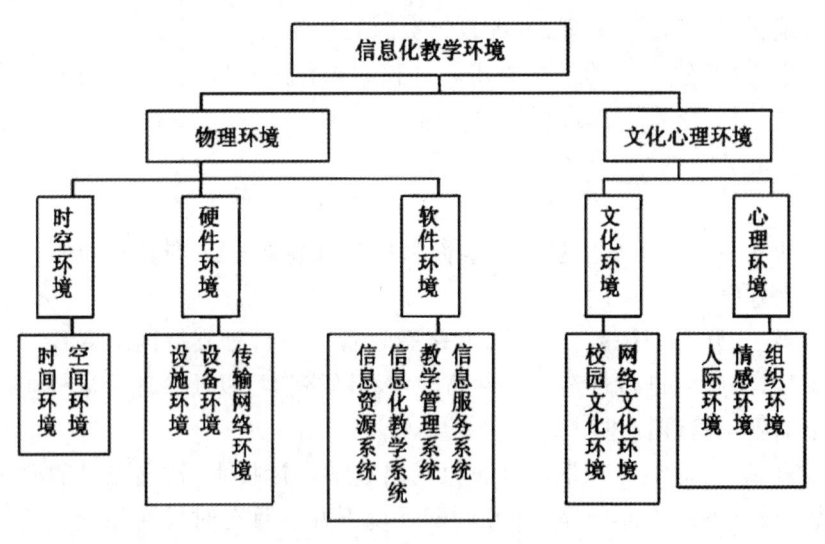

图2-1　信息化教学环境的构成[①]

---

① 董艳丽.开源软件在基于网络的信息化教学环境建设中的应用研究[D].上海:华东师范大学,2008.

在信息化教学环境中,硬环境、软环境以及人文环境是非常重要的组成部分,它们也是信息化教学环境建设的重点。硬环境是现代教育的基础,是开展信息化教学的基本前提;软环境包含丰富的内容,如资源系统、服务系统、管理系统等,这些要素缺一不可;良好的人文环境能够活跃现代化教育的氛围,促进信息化教学的推广与普及。总之,高校集中人力、物力和财力而建设优质的硬件环境、完善的软件环境以及浓厚的人文环境,对支持与推动信息化教学活动的开展具有重要意义。

二、信息化教学环境的设计原则

与传统教学环境相比而言,网络这种信息化环境以其鲜明的开放性、多向性、共享性为探究性教学活动的开展提供了更多的支持。基于网络的信息化教学环境为师生互动、同学互动提供了更多的可能。

高校构建基于网络的信息化教学环境具有重要意义,下面对构建与设计的原则进行分析。

(一)服务性原则

信息化教学环境是高校教学环境的组成部分之一,其应该为高校学科教学而服务,并为高校学科建设、科学研究提供重要支撑。在任何学科的教学中,教师不但要传播知识,还要培养学生的学习兴趣、学习能力以及综合素养,这离不开信息化教学环境的支持。

高校建设信息化教学环境,在此环境下进行学科教学,要为学科教学本身而服务,为教学活动提供丰富的信息资源和全面的服务。

(二)主体性原则

任何学科的教学都要以学生为中心。信息化教学环境由教师、学生、教学媒介资源、管理机构等诸多因素组成,在众多因素中,处于中心地位的始终是学生,学生的主体地位不可动摇。

学生作为中心因素,采用各种媒介手段与教师、学习资源以及管理机构等进行交互,教师围绕学生进行教学,学习资源为学生提供各种学习工具和学习材料,管理机构对学生的学籍、学习和考试等进行全面管理。可见学生的中心地位非常重要,建设信息化教学环境必须贯彻学生主体性原则,以学生为中心。

(三)开放性原则

与传统教学环境相比,信息化教学环境的开放性是其最大的优势之一,也是人们有目共睹的一个重要特征。

传统教学环境对师生教学有诸多限制,表现在教学时空、教学资源、教学形式等诸多方面,而开放的信息化教学环境打破了这些限制,为教学主体提供了广阔的教学空间、高效的教学时间、丰富的教学资源以及多样化的教学形式,大大提升了教学效率。因此在信息化教学环境建设与设计中必须贯彻开放性原则,突出教学环境开放的本质和重要性。

(四)共享性原则

信息化教学环境中的所有资源都是公开、共享的,如教师提供的教材资料、学生自己查找的学习资料、各种课外资料等,共享这些教学资源对提高教学效率具有重要意义。置身于信息化教学环境中的所有师生都可以对自己所需要的重要资源加以选择、参考和使用,以达到特定的教学目的。因此说设计信息化教学环境必须保证环境内部资源完全共享或部分共享。

(五)安全性原则

在信息化教学环境建设中还必须遵循安全性原则,强调信息化教学环境的安全,是为了避免黑客攻击教学系统。为了提高教学环境的安全性,可采用开源软件进行信息化教学环境的建设,其优势在于用户可以自行修改源程序,直至满足自己的需要,这有效保障了系统的稳定性和安全性,也满足了用户的需求。

三、信息化教学环境建设的总体规划

信息化教学环境的应用对象主要是教师和学生,因此将信息化教学环境在功能结构上划分成教师教学环境和学生学习环境。下面简单分析这两个子环境的创建。

(一)教师教学环境

教师教学环境是配合教师完成网上教学的子环境,为教师提供教学活动中所需要的各种功能,使教师了解学生学习情况、为学生答疑。建设教师教学环境,应保证其能够模拟实现传统课堂教学的一些主要教学环节,具体要求如下。

首先,教师教学环境应提供进行网上实时授课或非实时授课的多种授课方式,并能够让学生利用网络课程进行自学。

其次,教师教学环境应包含能够实现师生互动的空间课程讨论区、教师在线答疑室和非实时课程答疑室,并设置在线练习、在线测验和在线考试等功能模块。

最后,该子环境还应便于教师创建学习小组,组织小组协作学习。

(二)学生学习环境

学生学习环境为学生网上学习提供支持和配套服务,给学生全面呈现教师提供的学习信息,同时学生向教师即时反馈自己的网上学习情况,这是便于师生双向互动的学习环境。建设信息化学习环境,还应向学生提供其自身的学习信息,便于学生了解自己的学习进度和学习成果,对比学习目标而发现差距,明确自己的学习方向和任务。

第三章 高校体育教学现状分析与改革探索

在国家推行教育改革的工作过程中,高校的体育教学积极响应,在很多方面都取得了一定的进展,然而,由于一定的历史原因和客观原因,以及体育教学本身的特殊性,高校体育教学至今还存在着较为普遍和明显的问题,在一定的程度上制约了我国体育教育的快速发展。本章将对目前我国高校体育教学的现状展开研究,从构成体育教学的几个重要方面将我国高校体育教学的现状和成因进行梳理,并以发展的角度进行分析,结合教育改革的意义与目的等,力图将高校体育教学的现状进行完整的、彻底的分析。本章具体分为高校体育教学现状与改革探索、高校体育教学改革的意义和必要性、现代教育技术下高校体育教学改革的总体思路以及高校体育教学改革与发展趋势几个部分。通过理论研究结合实践调查,力争将我国高校教育教学的现状做出全息式的分析,并且从历史、经济、机制以及学生的发展规律和心理特征等多个角度展开,既有整体的特征描述,也有从不同层面和角度进行的成因分析,目的是能够对高校管理者,以及高校教师和学生都有一定的现实意义,希望能够对他们的工作和学习带来一定的帮助,从而对推动高校体育教学改革发挥一定的积极作用。

第一节　高校体育教学现状与问题分析

一、高校体育教学现状

（一）高校体育教学资源的现状

高校体育教育资源包括高校所拥有的，以发展学生体质、增进学生运动水平、有助于提高学生体育基本知识为目标的所有有形和无形的资源，即开展体育教学和体育运动所利用的各类条件和要素。

1. 场地和设备设施

最主要的场地设施包括体育馆、体育场、足球场、篮球场、游泳馆、网球场、游泳池以及相应的各种体育器材等。值得注意的是，不同等级的高校，以及处在不同地区的高校在场地和硬件设施方面存在着较大的差异。一方面，是由于地理位置所限，只能建设和发展适合当地气候环境特色的运动项目；另一方面，受到当地经济发展水平的影响，在经济落后地区，学校的硬件设施建设普遍较为落后和陈旧，或年久失修或处于荒废状况。

高校体育的理论教学环节相对薄弱，很多高校没有配套的电化教室和教材，只是由体育教师进行简单的口头讲述。这显然是不够的，也无法实现让学生理论和实践水平相辅相成、同步提高的教学目标。

很多高校虽然已经开始意识到这一问题，但仍然难以改变将体育作为一门"副科"来看待的观念。在学校其他专业开始使用先进的教学设备和器材时，体育的教学依然使用陈旧的场地和器材，使很多新型课程和活动项目难以开展。

体育教学是一种实践的过程，因此对场地和设施的依赖性比较高。如果要提高高校的体育教学水平，需要从最基础的硬件设施建设开始，以现行的体育教育目标为依据，进行硬件资源的优化配置是具有一定的现实意义的。

2. 人力资源

教育活动最主要的途径还是人与人之间的传播,因此人力资源的水平将直接决定着教育的效果。我国高校的体育教师水平差距较大,素质发展参差不齐。就当前的情况来看,体育教师群体比较容易满足于现状,缺乏主动求新求变的意识,教案更新不及时,上课趋于循规蹈矩。如果教师群体都普遍缺乏创新思维、创意精神、创新思维和创新能力,将无法顺利、正常地开展创新教育。

总之,我国高校的人力资源水平还有很大的提升空间,首先需要从思想意识方面对广大的高校体育教师加强再教育。特别是年轻的体育教师,他们未来的职业发展还有漫长的道路,应该把个人成长和职业发展密切结合,积极主动地扩展自己的视野,丰富知识面,热切关注体育前沿,尤其是自己专业相关领域的最新进展,不断更新自己的认知水平,全身心地投入教育事业中。

(二)高校体育教学模式的现状

1. 教学模式

教学模式是构成课程、课业,选择教材,提示教师活动的一种范例或计划,具有一定理论逻辑轮廓,是教学过程中的重要依据。它是保证教学目标相对稳定的完成的要求下而构建的一种教学结构,它具有相似性、完整性、直观性和假设性的特点。虽然既定的教学模式不能适合所有学生的学习需要,因为不同的学生具有不同的特性,但是,一定的教学模式是保证教学质量、完成一定教学目标的有效手段。教学模式是由一定的教学思想或理论来做指导,以教学方法、教学目标、教学内容、教学流程构成了比较稳定的教学体系。

就目前我国高校体育教学的情况来看,教学模式仍比较单一保守,缺乏突破与创新。体育教学应该是所有学科中最具有活力的科目,应该是引导和激发学生释放激情与创造力的地方。而过于单调乏味的教学模式显然会禁锢学生天性的发挥,不能达到理想的教学效果。

2. 教学目标

教学目标是教学模式的核心因素,因为所有教学模式的最终目的都是为实现教学目标而设计的。衡量教学模式的优劣,需要和教学目标一起辩证地看待,是教学目的决定和影响着教学模式的策略和流程。不同的阶段具有不同的教学目标,对应的也会选择不同的教学模式。比如,如果高校的体育教学是以培养学生的终身体育意识,那么会更加注重思想意识的熏陶;如果是以培养对专项运动的兴趣爱好为目标,那么教学模式的设计会侧重在专项技术方面的教学。因此,确定教学目标是首要任务。

3. 指导思想

体育教学的指导思想是体育教学模式的基础。它可以指导和帮助老师选择教学内容和教学方法。例如,快乐体育教学模式的指导思想就是"快乐",根据这个中心思想在设计教学主题和内容时,可以大量地引入游戏环节,寓教于乐,让学生在轻松愉快的氛围下进行体育锻炼,感受体育精神。

(三)高校体育教学方法的现状

就当前的情况来看,我国高校大多数还在沿用传统的体育教学方法,既以教师的讲解和示范为主,学生分组练习为辅,虽然这种教学方式具有普遍的实用性,但是不得不承认,在社会迅速发展、经济人文都在快速迭代的当下,依然使用最原始的教学方法是不能满足社会发展需要的。另外,枯燥单一的教学方式很容易使学生丧失学习兴趣,应付了事。尤其是大学生,他们不像少年儿童还处于欢脱好动的年龄段,总是能在体育课上找到乐趣。而高校的体育教学如果继续采用落后的教学手段,难以调动起大学生的参与热情,使体育课变成一堂"放松休闲课",违背了高校体育教学的初衷,也不利于大学生的身心发展。对于高校的体育课,应该设置更为复杂的竞赛环节,充分地激发出学生的竞争意识,使他们主动地进行训练、学习技能,不断提高运动水平,从而达到最终的教学效果。

(四)高校体育教学评价的现状

高校体育教学的教学评价系统比较简单,评价标准也较为单一,这很难满足同学们日益增强的运动水平和体育知识。我们国家推出的体育锻炼标准应该作为高校进行教学评价的总的指导性纲领,而不应该作为唯一的执行标准。教学评价应该紧紧围绕着教学过程而设计,而"一刀切"的评价方式,过于模糊和泛化,看不到学生在达标过程中的努力,容易使学生感到失望,从而对体育产生抵触情绪。因此,教学评价应该是动态的、系统的,能够反映出学生每一个阶段的努力情况和进步情况。

二、高校体育教学的问题分析

我国高校体育教学中存在的问题比较明显,也具有较强的普遍性。其中以教学目标单一、教学模式僵化最为突出。这主要是由于长期受到传统教育思想的禁锢,学校和教师也缺乏强烈的革新意识,社会在进步,时代在变迁,而我们的高校体育教学却仍然缓慢地自然发展,这不仅是对国家教育资源的浪费,而且也制约了学生的发展。因此,应该加强推进我国的高校体育教学改革进程,从而使我国体育教学的发展与社会发展需要、经济发展需要相适宜。

(一)对体育教学不够重视

在体育教学改革方面,教育行政主管部门的相关投入应该增加,在思想上应该加强对体育教学的重视程度。无论是对教师人才队伍的培养和引进方面,还是在对体育实训设施的建设和优化方面,都应该投入更多的资源。在国家财力、地方政府财力有限条件下,体育学科始终排在不重要的位置,这极大地妨碍了体育教学的发展。近些年来,尽管一直在强调对体育教学改革的推进,但是,如果不从观念上对体育教学重视起来,很难真正地在经济和人力方面产生大量的投入。尤其是在我国的西部地区和相对落后的地区,表现得更为明显。

(二)教师综合素质不够高

我国高校体育教师队伍中长期存在一些问题,比较突出的问题是教师的综合素质水平不高,且专业水平较为单一化,多年来都在重复一定的教学模式和教学方法,安于现状,没有主动寻求进步和发展的动力,有不少教师甚至自身专业也逐渐懈怠。这些都影响着教学活动的发展,因而急需解决。从改革开放发展到现在,我国高校体育教师队伍的建设在逐渐加强,但是,由于体育教师队伍人员过多、体育教育中优秀人才匮乏这两个显著问题始终难以根本的解决。

（1）体育教师队伍的人员过多,想要实现全体人员的改变是非常不容易的。同时,激励机制和竞争机制没有得到重视和发展,也影响着教师队伍素质水平和专业水平整体提升的效率。要想彻底改变这一情况需要在机制上进行改革与创新。

（2）体育教师队伍中真正的高级人才较为匮乏,一方面是由于体育教师人才队伍本身存在人才流失,另一方面,人才的引进也存在很多的障碍和困难。这就导致高校的体育教师队伍整体素质偏低,自身专业发展缓慢且单一。

（三）教学目标单一化

多年来,我们的高校体育教学缺乏自主意识,被动地以《国家体育锻炼标准》为唯一目标。这种机械化、教条化的教学时间,反映出的是高校体育教育系统整体都缺乏责任感和使命感,并没有把培养德智体美劳全面发展的新时代的人才放在心上,而只是做表面功课,即只要"达标"就完成任务,就不会被追责,不得不说这是体育教学的悲哀。

同时也必须指出,我国多年来以应试教育为主的社会背景下,体育教学被普遍视为"不重要"的学科,甚至体育课也经常被其他科目的老师抢占,从社会到学校,从教师到家长,对体育教育都没有足够的清晰的认识,这也是一个非常重要的客观原因。

（四）教学模式僵化

当前的高校体育教学普遍还是以单一的"灌输式"为主,老师单向地输出,学生单向地接受,而且评价系统也较为教条,只要成绩"达标"即可。在教学中基本上以灌输为主要手段,以教师为中心,而不是以学生作为教学的主体。具体的表现有重技术、轻理论；重共性、轻个性；重结果、轻过程。当然学习一项专项运动必然要对技术动作加强练习,但是在我们的高校体育教学中,有些过于苛求技术动作的掌握,甚至有点"为了技术而技术"的趋势。事实上,体育教学具有多重目的和功能,希望借由体育运动这一重要的形式,为学生的全面发展起到有力的促进作用,而目前的高校体育教学模式显然不能满足这一要求。这种僵化的教学模式严重束缚了学生的个性,压制了学生的学习热情和积极性,这让我们的体育教学也成为一种"应试"的教育。

第二节　高校体育教学改革的意义和必要性

我国的教育改革推行至今,已经取得了一定的改善,尤其是对高校体育教学工作而言,在教学理念、教学模式以及教学评价方面都有了很大的提高。但是,改革工作还在继续,因为还有很多方面的问题需要解决,还有很多工作需要进一步地深化,这是我们接下来需要积极思考和行动的地方。

体育教学的教学模式是体育教师将体育知识与技能传达给学生的主要途径,也是教学改革的最佳切入点。伴随着教育的现代化以及教学改革的进程,很多传统的模式和手段已经与社会脱节,也提不起学生的学习兴趣,会明显地制约教学工作的发展,因此应该尽快进行改革和创新。对体育教学方法进行改革的过程中,所有的体育教师都应该积极摸索和尝试,寻求更加科学有效的教学方法,同时,还要注意它是否与当下社会的发展相一致,是否是同学们愿意亲近的教学方法,以及是否具有时代感等,从而真正做到从各个方面都以学生为主体,全力推进高校教育改革工作的深化。

一、高校体育教学改革的意义

(一)全面改善体育教学质量

1. 以"健康第一"为指导思想

以学生的身体健康为指导思想,是对体育教学根本目的的再一次明确和加强。体育教学不是为了考试和"达标",而是为了发展学生的身心健康水平,为了培养学生的健康意识和运动技能,为了终身体育打好基础。国家目前加大高校体育教学改革的力度,特别强调不能流于形式和标准,应该切实做到以促进学生整体健康水平为目标,保证学生在身体、心理、社会等几个维度同时健康发展。并且加强了与其他学科的融入,包括心理、生理、环境、社会、营养、保健等,构建出以技能、认知、情感、行为等多方面、多角度训练的课程结构。

关心学生的健康,就要全面地、真正对关注学生各方面的发展需要,而不是削足适履式地以"标准"和"达标"为衡量标准。高校应该从关切学生的饮食、生活习惯、锻炼频率和锻炼偏好等多个角度进行调研,始终以增进学生身心健康为教学的核心目标。

2. 打破旧的体育教学模式

推进和深化教育改革的过程中,必然包含着改革那些已经不再符合时代发展需要的教学模式。高校的体育教学相对其他学科而言,总体上表现为教学模式单一、乏味,与正处于青年时期的学生的身心发展并不相符,因此难以满足同学们对体育运动的需要。改变教学模式是高校体育教学改革的重点部分,也是改进高校体育教学效率的关键所在。

在重新构建教学模式的过程中,要重视学生的个体差异、条件差异、兴趣差异等问题,避免一概而论、一刀切式的简单粗糙的理念。

3. 建立更有效的体育评价体系

建立更加高效的体育评价体系也是非常重要的一个方面。今后要积极寻求先进的信息技术,借助高超的设备设施,搜集和分析学生在一定时期内运动饮食、与身体各项重要指标之间的关系,帮助学生直观地认识到运动的积极反馈,并培养科学的健身意识和健康观念。通过构建科学有效的体育评价体系,摆脱原来形式化的"达标式"考核,而是真正地激发学生进行体育运动的主动性和积极性,从"要我学"的消极心态转变为"我要学"的积极心态。

4. 深化课程结构和内容

利用各种因素、手段对体育课程进行深化改革。从关注学生的个体差异和个体需求出发,制定符合教学改革指导思想的新型体育课程结构和内容。比如,新的教学大纲增加了选修课的比例,更加尊重学生的学习意愿,给了学生更大的自主学习空间。和必修课相比,选修课具有较大的灵活性和扩展性,能够根据学生的不同情况和学习需要随时做出调整。

另外,在设计课程结构时,加强对单个项目课程的层次性设计。这样,让不同身体条件、不同个性特征、不同学习需要的人都能够找到适合的自己的学习步骤。

5. 注重学生心理和社会适应能力的培养

改革后的体育教学更加强调对提高学生的自信、意志品质的目的要求,并进一步培养学生掌握调控自己情绪的能力,识别和理解自己心理状态的发生机制,从而对学生的成长、技能培养、人际交往以及社会适应方面都产生积极意义。课堂教学的时间和课程都是十分有限的,因此更重要的是培养学生的能力迁移能力,使在体育课堂上学习到的协同合作、竞争意识、沟通能力、影响力、领导力、责任感等能够在日后的社会生活中得以运用,使自己终身受益。

(二)有利于终身体育的形成

1. 促进学生终身体育的意识形成

高校体育教学是大学生进入社会之前最后一个接受的集体体育教育,因而它具有多重意义和作用。通过学校的体育教学,可以培养学生根据自身的体育需求作为出发点,在具体的实践过程中集中精力发展自己的兴趣,有针对性、有目标、有重点地进行学习和训练。而教师的主要任务是协助和辅导学生的学习过程,把主导权交给学生,这样才有助于学生自发自觉地参加体育运动,从培养兴趣的角度出发,有利于提高学生的学习积极性,从而对培育终身体育意识具有重要意义。

2. 培养学生的终身体育习惯

运动意识的形成是与运动习惯息息相关的。通过教学改革,在教学目标、教学模式、教学方法等方面都更加有助于学生形成终身体育的意识。与此同时,学校还要从校园体育文化、校园体育设施、校园体育活动等多个方面加强健身,为学生进行体育锻炼塑造有利的文化氛围和环境条件。体育教师也应该及时调整自身的定位,从原来的单向输出,逐渐转变为和学生平等地交流与沟通,以为他们提供最专业的体育指导为主要目标。体育教师还要不断提高自身的专业素质,不断提高自身的综合素质,以适应社会发展对体育教师的需要。只有这样,才能应对学生在发展体育兴趣和体育技能时提出的各种问题,师生间形成有效的互动模式。同时,体育教师还应发挥良好的榜样作用,坚持体育运动和锻炼,保持健康良好的身体素质,用行动引导和影响学生也逐渐养成终身体育的习惯。总之,高校的教育教学应以终身体育作为教学目标,让学生切实体验到体育运动的乐趣和益处,从而自发地进行终身体育活动。

二、高校体育教学改革的必要性

高校体育教学改革是顺应时代发展的需要,是促进国家进步富强的必然选择。高校最根本的使命是为国家培养人才,高校的教育直接决定了国家人才的素质水平。而高校体育的教学质量塑造着人才的身体素质和精神品质。因此,高校体育教学的改革具有诸多的必要性。

(一)有利于促进学生的全面成长

高校体育教学改革有利于学生的全面成长。传统的高校体育教学发展缓慢,一直存在着很多弊端,制约着学生的全面发展。比如,传统教学轻素质、重成绩,使很多学校在实施教学活动时,把通过考试和成绩达标作为指导教学的唯一目标,全然简化了高校体育教学的意义和作用,也完全忽略了青年学生对体育运动的个性化需求。随着国家教育改革力度的加强,高校体育教学改革顺势进行了全面且深入的改革措施,严格遵守以发展学生的身心健康为指导思想,以学生为教学主体,彻底扭转传统的体育教学观念,为学生的全面成长做出努力。

(二)有助于增进师生间的有效互动

现代教育理念主张,教学活动是一个双向的过程,是教师和学生的互动的过程,是师生在良性互动间逐渐发展和提高教学内容的过程。而传统的教学一直都是以教师单方面的灌输为主,在很大程度上扼杀了学生的求知欲望,压抑了学生主动探索的热情。而随着高校教育改革的不断推进,逐渐转变为教师引导学生,学生主动发展自己的个性特长,教师主要作为一个指导者、鼓励着和监督者的角色出现,这一形式的转变极大地改变了原有的僵化的教学模式。从原来的教师主导,转变为现在的以学生主导;从原来的教师高高在上的情形,转变为师生平等对话的轻松氛围。因此,学生更乐于向教师请教,教师也放下架子更具亲和力。

成功的教学必须是建立在师生之间关系融洽的基础上的。只有教师真正做到观念转变,加强与学生的互动与交流,双方在平等的情况下获得发展,这样才能有效地改善教学效果。

(三)有利于现代教育技术的推进

当教育理念更为贴近学生的实际需要,教学模式更有助于师生间建立互信互赖的稳定关系,教学内容更加符合学生的个性化特征,那么高校的体育教学活动将进入非常高效的良性循环状态。同时,随着现代教育技术在我国的普遍推进,良好的教学观念、师生关系以及先进的教育技术将共同构成更为理想的高校教育生态,从而为我国的教育改革带来量的增长和质的飞跃,为国家培养优秀的人才做好准备。

第三节 现代教育技术下高校体育教学改革的总体思路

一、高校体育教学观念的改革

教育的改革必然先从观念的改革做起。要培养出适应现代社会需要的创新型高素质人才,高校体育教学必须紧跟时代发展的步伐,转变传统的教学观念,以现代体育教学理念为指导,这体现在以下两个观念的转变上。

(一)由"体能型"向"素质型"的教学观念转变

当前,我国部分高校仍然奉行体能型的体育教学观念,其主要特点是强行向学生灌输枯燥乏味的体育知识技能,教育互动形成形式化和僵化的特点。以教师为中心开展大量的体能教学训练课程,把体育课简化为体能训练课,学生在教学中完全处于被动接受的地位,而主动探索的热情和积极性被严重抑制了,这无法适应当今社会对高校体育教学的需求。因此,必须转变观念,推动体育教学观念的发展与创新,将体能型体育教学转变为素质型体育教育。我国推行素质教育已久,但是仍然难以彻底执行,这主要是由于传统观念在发挥着消极作用。与教学方法、教学模式和教学内容不同的是,教学观念的改变并非一朝一夕就能完成,它需要一定时间,需要让人们逐渐理解和接受新观念,然后才能替代旧有的观念。因此,要想彻底有效地推进高校体育教育改革,必须首先从转变教学观念开始。

具体而言,在体育教学实践中应尊重学生的兴趣需要,以学生为主体,充分调动学生的主观能动性。从发展学生的素质为出发点和目标,尊重不同的个性,充分考虑学生的成长与需求,理解当代大学生的时代特性。在此基础上,按照学生的兴趣爱好去实施教学活动。教师要以开发学生潜力和特长为主要目标,要着眼于激发学生的学习兴趣,鼓励学生自觉主动地运用已有的知识技能去解决体育学习方面的实际问题,去探索更广泛、更深入的专业问题,并且能体验到体育课的乐趣,最终形成素质教育的良性循环。

(二)由"经验型"向"科研型"的教学观念转变

所谓经验型体育教学观念,是指以传统体能训练为主要教学手段,通过对学生开展体能教学和体能训练,实现增强学生体质的目的。然而,增强体质只是体育教学的最基本的目的,而对学生综合素质的培养是缺失的。但是,不得不承认这一观念具有一定的客观原因,最早的体育教师由于都是从运动员发展而来,我国早期对运动员的文化教育和素质教育不足,导致体育教师普遍文化基础较差的局面。因此,我国高校长期以来在体育教育观念方面一直都以经验型为主导。随着社会的发展,经验型教育观念的弊端逐渐显露,已经明显不能适应当前环境的需要。在国家推行教育改革的过程中,科研型教学观念逐步被接受和实践,取得了良好的反响。

总之,随着科技水平的不断进步,科研型必将在高校体育教学中逐渐占领主导位置,并取代经验型的教学观念,为国家的教育事业发展和人才培养工作发挥强有力的作用。

二、高校体育教学环境的改革

(一)高校体育教学物理环境的塑造

体育教学的物理环境对体育教学实践发挥着重要的基础性作用。其中,体育教学场所和体育教学设备的影响最为显著,它们不仅可以满足体育教学的基本需求,而且也是提高学生学习积极性和学习热情的最直观的影响因素。因此,塑造高校体育教学环境是高校体育改革的一部分,一定要引起高校领导的重视。要努力发挥将体育教学物理环境的教学功能、娱乐功能、审美教育功能等作用,而且,校园中优美的教学环境、先进的教学设施还能够建立同学们的归属感,使同学加强对母校的依恋和自豪感,这些积极的情感因素也会反过来提高学生的学习动力和学习积极性。

(二)高校体育教学心理环境的塑造

正如增进学生对母校的归属感可以促进学习积极性,如果高校加强对教学心理环境的全面塑造,将产生更加明显的积极作用。它包括建立正确的舆论规范,建设健康的校园体育文化,鼓励拼搏、努力和公平竞争的体育精神,提倡学生勇于接受挑战,不断克服自身的障碍,最终实现目标,积极打造坚毅、勇敢、进取、乐观的新时代大学生的形象。

二、高校体育教学内容的改革

(一)摒弃脱离学生实际的内容

在我国传统的高校体育教学实践中,竞技体育的内容占据绝大部分的比重,包含一些专业要求高、难度系数大、重复乏味、脱离普通高校学生实际生活的训练内容。而绝大多数的高校面向的并不是专业运动员,而是需要发展体育技能和兴趣的普通大学生,如果一位地增加专业难度,必然会挫败广大学生的学习积极性和学习热情,带来消极结果。因此,高校体育教学的改革,要摒弃过于竞技体育化的教材内容,要向着更有趣味性、实用性、健身性和娱乐性等的特征转变,这样才能真实符合学生进行体育运动的需要。

总之,体育教材中的内容应当与学生的根本需求相符合,删减不切实际的内容。教学内容应该尽量与学生的真实生活发生联系,尽量与他们未来的工作相关,为发展终身体育打好基础,以培养学生的终身体育意识和习惯为主要目标。

(二)实现课内外教学一体化

体育教学已逐渐走向课内外教学一体化,这一发展趋势主要体现在以下几点。

(1)确立素质教育观,发展学生的综合身体素质基础,为培养专项兴趣做准备。

（2）以增进学生健康为基础,培养学生在课内外进行自己感兴趣的体育运动,使之成为生活的一部分。

（3）在开发新课程时,紧密结合当前社会的时代特色,善于利用社会资源,使体育课程成为学生衔接校内外生活的重要桥梁。

（4）应该不断地完善、提高教师与学生的体育相关认识。

在体育教学的过程中,不仅要让学生感到体育课是快乐的,还要拓展他们的能力和更大的空间,和现实社会与生活产生更多的连接。

总之,在建立内容体系的时候,体育课程应该将教师方面与学生方面同时作为切入点,鼓励他们将真实生活中的新鲜元素带进课堂,在课内外建立多种多样的、生动的桥梁,使课内的学习活动与课外的生活、实践相呼应。

（三）选择适宜的教学内容

在构建高校体育教学的内容时,应该以能够促进高校学生身心健康发展、提高学生素质的内容为主。可以主要从以下几个方面着手。

（1）在选择体育教学内容时,以充分提高学生心理健康为原则,选择以能够满足学生的自我发展需要为原则,以最大化地发挥学生的自身价值为原则,以使学生获得相应的成功体验而不是挫败感为原则。

（2）在构建体育教学内容时,还要与社会的实际情况和需要进行选择。目标是保证学生步入社会之后,对于在校期间所学的知识和技能能够有发挥与运用的机会,而不是所学所练主要以满足考试为标准。

（3）要充分利用现代教育技术充实教学内容。体育教学要对多媒体、互联网、3D技术等现代化教学手段给予充分利用,使科技服务教学最大化,让教学促进科技发展,从而形成良性循环。

三、高校体育教学方法的改革

（一）避免灌输式的体育教学方法

体育教学是建立在学生的身体实践的基础上的教学活动,如果采取灌输式教学方法,不是从每个学生的个性情况出发,那么教学效果必然会大打折扣。学生要对体育知识、体育原理以及体育学习方法有深入的理解,然后从自身的实际情况出发,才能更加顺利地完成训练,才能更加享受学习的过程,从而达到育心、育体、育人的目的。

所以,高校在进行体育教学方法的改革是,应该极力避免灌输式教学,避免让学生处于被动接受的状态,使体育教学的形式大于内容,最终无法实现体育教育的根本目的。

(二)努力发展体育教学的多样化

(1)以学生个体需要的多样性出发,努力发展更加多元的教学方法和手段。
(2)开发多元的体育教学内容,使体育课堂更具多样性。
①开发多种适合青年学生的健身运动项目。
②积极开展符合当今时代特征的运动项目。
③增加休闲体育项目的内容,大学生的体育课不是运动员的训练课,应该是轻松的、愉快的。
④增加民族民间体育项目内容,发扬和传承中国传统文化。
(3)加强高校体育组织形式的多样性。

(三)从培养学生的实践能力入手

当前很多体育教师在教学的时候,落后的教学方法严重地限制了学生创新思维的发展,他们往往只关注学生的考试成绩,而不重视学生们发现、分析以及解决问题的创新能力培养,导致教出来的学生"高分低能"。因此,高校在进行体育教学方法改革的工作中,应该从培养学生创新能力、行业实践能力入手。而创新能力的培养,需要同学们具有主动探索的热情和积极性,这必须是通过他们在实践过程中自发地产生。为此,我们的高校体育教学应该从学生的实践着手,这样才能真正培养学生的动手能力和创新能力,学生将来走向社会才能在激烈的竞争中生存和发展。

总之,学生只有在自身的生活中,按照自己的兴趣、爱好选择适合自己的运动项目,才能享受运动中乐趣,才有动力不断提高和完善自身的运动技能。通过鼓励学生进行大量的运动实践,激发他们的学习热情和探索精神,从而培育他们的创新能力和解决问题的能力。

四、高校体育教学评价体系的改革

(一)以学生的发展需要建立体育教学评价体系

在高校的体育教学中,应谨记学生始终是教学主体。因此,在建立教育评价体系时,应该以学生的发展需要为出发点,设置相应的评价类目和评价标准。就现实来说,学生的个体发展需要是在以人为本的教育思想指导下,以努力挖掘学生的最大潜力为基本目标,以促进学生的全面成长为基本原则,应该兼顾知识、品格、能力和方法等多个方面的综合评价。

(二)以社会的发展需要建立体育教学评价体系

在对体育教学体系进行建构的过程中,应将社会需求的满足程度作为标准。目前,高校体育教学的评价体系存在一定的问题,亟待进行改革。在关注学生个体发展需要的同时,也应该从社会的实际需要出发,并有效地运用先进的科技手段,建立科学全面的高校体育教学评价体系。评价体系不能只关注学生书本知识和理论知识的成绩,更应与社会的发展需求相结合,以国家对人才的需要为根本目标,建立一套有效的教学评价体系,促进我国高校体育教学的进一步改革。

第四节 高校体育教学改革与发展趋势

一、高校体育教学的改革的具体实施

(一)高校体育教学思想的改革

我国常说的高校体育教学思想是指,在开展体育教学实践活动的过程中,人们对于体育教学直接产生和间接产生的看法或认识。但是这些看法或者认识离不开一定的时代背景或社会背景。因此,在理解高校体育教学思想的改革时也不能脱离社会背景和时代背景。

在改革开放以来,我们国家在竞技、科技、军事、文化、教育等各个方面都发生了前所未有的变化。在短短四十年的时间里,中国完成了西

方很多国家几百年的发展经历。然后国家和社会的进步背后需要大量的人才,为了应对这样的发展需求,我们的高校改革必须加快步伐。而教育思想的改革又需要逐步发展和完成,相对是比较缓慢的。它是建立在各种成熟的理论体系的基础上,是渐次完成的。

在新中国刚刚成立初期,基于非常的历史时期,当时主要向苏联学习和照搬了一些成功经验,并开始全面学习苏联,不论是竞技体育还是学校体育,从思想理论到方法体系基本上是全盘照搬。在当时百废待兴的特殊历史时期,这是一个快速建立和发展我国体育教育事业的明智选择。在苏联教育体系的影响下,结合中国自身的特点,我们逐渐形成了更加注重运动技术,更加注重整体身体素质水平的思想。在当时的体育教学中,运动中心论的体育教学思想发挥着主导作用。从本质上来讲,这种思想把体育视作一种手段,而不是目的,忽视了对学生个体需要的重视,更加没有考虑到学生的心理、个性等同时也对学习发挥着重要的作用。

但是近年来,随着我国高校教育改革的不断深入,重新确立了以"以人为本"为核心的教育指导思想,这是契合我国发展需要的重要的教育指导思想,应该持续地进行发展和深化。

(二)高校体育教学体系的改革

加强教学体系的优化和改革是促进体育教学质量提升的重要手段。首先,应该针对体育教学目标和教学方向,重新构建高校体育教学体系,全面发挥体育教育的作用,尤其是要结合先进的科技手段来逐渐丰富高校体育教学形式,除了现有的课堂教学之外,还可以增加网络课堂、直播课堂等新型传播途径。从真实的场景到虚拟场景,从本地教学到与世界各地的相关领域互通互联,从而丰富我们高校学生的知识储备,扩大学生的视野,这对促进素质教育的发展具有积极意义。

除此之外,还要丰富高校体育教学的理论知识,包括心理学、运动学、人类学、营养学、统计学以及政治、经济等多方面学科和领域的内容。体育是一门综合学科,作为当代的大学生不应满足于表面的知识和技能,应该构建自己的知识结构,将自己所学的各类知识进行联通和整合,从而形成强有力的竞争力。

(三)高校体育教学队伍的改革

为了促进高校体育教学改革的顺利开展,加强对体育教师队伍的建设,将起到重要的推动作用。在日常教学过程中,学校方面应该加强对优秀教学人才的引进和培养工作,提升教学队伍的师资力量。重视对继续教育的开展,学校方面应该定期举办教师队伍的培训工作,督促体育教师学习和掌握体育专业相关的前沿进展,了解和学习先进的教学方法和教学手段,实现高校体育教师素质的全面提升。为保证体育教学的多样化开展,学校应该加强对体育教学设施的建设,加大资金投入,改善体育教学环境和教学硬件设备的更新和维护,对教学场地和器材开展必要的优化工作,确保我们的教师的教学工作能够顺利开展。

(四)高校体育教学方法的改革

目前,我国高校的体育教学方法还具有较强的传统性,难以提高学生的课堂学习兴趣,传统方法可以加强对学生体育知识和体育理论的掌握,却忽略了对学生兴趣的培养,影响到整体的教学质量。教学方法单一,老师负责灌输相关知识,负责对动作的示范,学生被动接收和掌握,完全忽略了学生的主观能动性,也限制了学生的思想发展和创新意识,对于人才的培养极为不利,甚至在一定程度上限制了人才的发展。因此,必须要加强对体育教学方法的改革,加强对新型教学方法的引进和应用,比如游戏教学法、互动教学法、多媒体教学法、现场教学法、探索式教学法等,以学生的学习兴趣为体育教学的重要开展方向,提高学生的课堂参与性,提高体育教学的实际质量,为学生养成良好的体育锻炼习惯。

(五)高校体育教学内容的改革

对教学内容进行筛选和丰富,加强重视教育教学观念,适当提高体育教学的针对性,加强对学生体育锻炼兴趣的培养。其次,教学内容以提高学生的课堂参与性为目的,使学生能够热爱体育锻炼,使学生能够根据个人爱好和兴趣开展相应的体育活动,提高学生身体素质的同时,加强对学生运动潜能的开发,让学生在今后的学习和生活中能够积极开展体育活动,促进个人身体素质的提升。同时,体育教学必须要加强对教学体系的改革,重视对课堂教学的深化,使体育教学多样化发展、可持续发展,将增强学生体质同终身教育相结合,提高体育课堂教学的实用性,充分活跃课堂气氛,提高学生的课堂学习积极性,促进学生身心全面发展。

二、现代教育技术下高校体育教学的发展趋势

(一)更加注重学生的能力培养

素质教育的核心是对人才能力的培养。过往的应试教育中,培养了大量的高分低能的"人才",这对国家的发展带来了一定的消极影响。因此,我们国家大力推行素质教育,以培养适应社会发展的、具有解决复杂问题能力的人才为主要目标。在素质教育的今天,高校在体育教学实践中,应该从培养学生的身体、心理、智能、情商等多方面入手,使青年学生具有良好的身体素质、运动技能、观察能力、应变能力、竞争能力、协调能力、领导力、适应力以及沟通能力等,为日后参加社会建设做好准备。

在现代教育背景下,在体育教学中可以加强激发学生创造力,让学生自己创编运动游戏、组合体操等,让学生有机会把学习的理论知识和运动技能进行巧妙的结合,通过自己的思考,运用到学习生活实践中,使每一节体育课都充满创造性、趣味性,通过体育教学为培养创造型人才做出努力。

培养与发展学生从事体育活动的能力和主动学习能力,让学生在学习过程中培养自己的"一技之长",养成与掌握终身进行体育锻炼身体的意识、习惯和方法,使之终身受益。

(二)学校更多地以自身教育资源为根基去发展

高校的体育教学发展必须从实际出发,立足自身的现实情况,以本校各类的体育教学资源要素出发,与本地区的文化特色、经济发展特色以及地理优势等相结合,充分利用和挖掘自身的潜在资源,并以此为根基大力发展。高校自身的教育资源包括各种体育经费、教学场地、仪器设备、建筑物、图书资料、师资力量等。

还要注重开发体育课程教学资源的共享,高校与高校之间应该充分沟通,并展开合作与竞争,从而调动各种资源的活力。高校还应努力和地方文化组织、科研机构组织之间积极地开展优势互补的合作,避免闭

门造车和重复建设,从而造成对时间、资源和人力的浪费,以实现资源最大化利用为原则。在这样的基础之上,高校自身的资源得到充分开发和动员,与外界构建积极的合作关系与竞争关系,从而真正地做到立足自身资源,大胆地进行体育教学的改革和发展。

(三)体育教学内容和方法朝着数字化方向发展

教育信息化发展促进了教育数字化。当前,体育教育的数字化发展进程不断加快,这从教学内容和教学方法的数字化中充分体现出来。教学内容与方法实现了数字化后,体育教学过程越来越快捷、便利和高效。不管是对体育教师来说,还是对体育教学的授课对象即学生来说,体育教学的数字化发展使得他们的教与学都越来越轻松、有效。在数字化发展的趋势下,体育教师和学生查阅资料、分享资料以及获取信息化知识的速度越来越快。体育教师利用信息化技术对技术动作进行数字化处理后,学生观看动作可以不再受时空限制,能够对技术动作的要领和细节有更直观、深刻的体会和领悟。在技术动作的呈现中引进VR技术,使技术动作看起来很逼真。体育教学内容也因为动画、视频等多种元素的融入而越来越丰富、直观、形象、生动,便于掌握和理解。总之,体育教学内容与方法的数字化大大提高了体育教学的快捷性和实效性。

(四)移动学习成为现代学校教育的重要发展方向

在当今现代教育信息化时代背景下,体育教学的空间大大拓展,学生不论在学校操场、体育馆,还是在家里或社区,不管是在课上,还是在课下,无时无刻都能学习。可以说只要有网络覆盖,任何地方都可以成为学习场所。移动学习在网络时代已经成为一种普遍现象,这样打破了体育课堂教学的单一形式,扩大了学生的学习领域和空间,也提高了学生的学习效率。

(五)大数据平台的利用率越来越高

在信息化时代,互联网技术运用于社会各个领域,在教育领域建设大数据平台已然成为必然趋势。在信息化体育教学中建设大数据平台,全面整合世界上各种不同的体育教学内容、教学方式,能够保证体育教学的连续性、开放性、互动性以及终身性,使体育教育、体育锻炼成为学生生活中不可缺少的一部分,使学生将体育学习和运动锻炼作为常态化生活方式之一,在学习中传承民族传统体育文化,接收西方体育文化,提高自己的体育文化素养。建设全球化的体育教育数据平台有助于培养学生的终身体育习惯,增强学生体质,促进学生健康成长与全面发展。

第四章 现代教育技术与高校体育教学发展

随着现代教育技术的不断发展以及高校体育教学的深入改革,现代教育技术在高校体育教学中的应用越来越普遍,对高校体育教学的发展起到了重要作用。现代教育技术在高校体育教学中的地位和作用是不可替代的,教育技术的渗透促进了师生观念的转变、教学方法的改进以及教学过程的优化,最终促进了教学水平的提高。本章主要对现代教育技术与高校体育教学发展的关系进行探讨,具体包括信息技术与高校体育课程的整合、现代教育技术在高校体育教学中的应用以及现代体育教育技术的应用。

第一节　信息技术与高校体育课程的整合

信息技术与体育课程整合不是简单的关联、组合或拼接关系，它应该体现出技术与体育课程直接"整合"的渗透性、整体性和目标性。信息技术与体育课程整合的重点是课程而非技术，是"课程整合"而不是"技术整合"，整合的最终目标是改革和发展课程。信息技术与课程的"整合"既是一个过程，又是一个结果。

一、信息技术与高校体育课程整合的意义

现代信息技术与高校体育课程的整合点与整合意义具体体现在下列几个方面。

（一）创设情境，调动学习积极性

创设具有真实性、挑战性和情节性的教学情境，有助于教师主导和学生主体作用的有效发挥，激发学生对体育教学内容的兴趣，进而达到预期的教学目的，如促进学生意志品质的提升、竞争能力的提高、体能素质和运动技能的增强等。

新奇、多变的事物能够给人的大脑皮层带来一定强度的刺激，使人的注意力高度集中，对新奇事物产生浓厚的兴趣。在体育教学中教师采用对学生来说比较新颖的多媒体教学手段，便能达到这样的效果。教师从录像、网络、影视等媒介中寻找素材，通过多媒体课件将这些零散素材整合起来，经过分析处理后在体育教学中根据教学需要而有针对性地加以应用，能够成功调动学生学习的积极性。

（二）丰富教学内容，引导自主学习

多媒体教学促进了体育课堂容量的增加和体育教学内容的充实与

丰富,丰富有趣的教学内容对学生有很大的吸引力,能够引导学生自觉自主学习。体育项目丰富多样,不同的项目表现方式各有差异,教师很难在课堂上向学生传达所有表现形式。而采用多媒体教学能够使学生通过多媒体工具来了解各个项目的动作,学生在课余时间也可以自主学习,复习巩固,消化知识,熟练技术,从而提高学习效果。

(三)突出重难点,提高教学效率

信息技术与体育课程整合后,采用多媒体教学方式进行动作技能教学,多媒体手段又以图形和动画为主,图像可以实现快与慢的转变、大与小的转变以及动与静的转变。学生观察教学图像,从中获取重要信息,对教学内容的感受清晰而明快,图、文、声并茂的生动画面能够激发学生的兴趣,使学生集中注意力,这样体育课堂效率便能够得到有效提高。

传统体育教学中,教师示范一些动作时很难把握好示范的速度,太慢会影响动作的整体性和节奏性,太快又担心学生看不清,而将信息技术整合到体育课程中,采用多媒体手段进行教学,便能弥补示范教学的不足。

(四)完善技能学习

在高校体育教学中,尤其是在体育实践教学中,学生如果能够清楚自己的练习情况,看到自己的动作过程,及时发现自己的问题和不足,便能有针对性地去反复练习,直至改正错误,这对于提高学生的运动技能水平具有重要意义。

信息技术与体育课程教学的整合为现代化教学手段在体育课堂教学中的应用提供了良好的机会。在学生练习时,教师用数码摄像机将学生的练习过程记录下来,在学生完成练习后给学生回放视频资料,让学生自己评价完成情况,自己发现问题,然后有针对性地改进。这是一种能够使学生充分发挥主体作用的教学方法,体现了以人为本的教学理念。利用多媒体教学手段支持回放的功能,不仅能够培养学生的自主学习能力,还能培养其观察能力、分析能力以及对现实问题的解决能力。这也是高校实施素质教育的要求,是素质教育与信息化教学结合的表现。

二、信息技术与高校体育课程整合的可行性

随着信息技术的不断发展及其在高校中的广泛渗透,其与高校体育课程的整合越来越具有可行性,具体表现如下。

(一)符合现代教育理念

信息技术与高校体育课程的整合与现代信息化教育理念非常相符。在信息化时代,教育信息化是世界各国教育发展的一大趋势,许多国家在教育改革中都将教育信息化作为一个重要的突破口。全球信息化给世界各国的教育带来了良好的发展机遇,同时也使各国教育面临严峻的挑战,机遇与挑战并存,如何抓住机遇、应对挑战,这已然成为教育领域的重大研究课题之一,向教育信息化迈进几乎是世界各国达成的共识。

信息技术具有重要的教育应用价值,这主要得益于其强大的功能与鲜明的优势,如巨大的信息容量、很高的传递速度、宽松的选择空间以及在降低教学成本和提高教学效率方面的优势等。信息技术在教育中应用的最佳方式是在教学过程中实现教育内容与教育手段的完美结合,也就是将获取的知识与获取知识(信息)的技术有机结合。信息技术与体育课程的整合与这种教学理念是相符的。

此外,现代教育理念下非常重视对大学生综合素质的培养,而将信息技术与体育课程整合对培养大学生的综合素质具有重要意义,突出表现在能够对大学生的信息素养、协作能力、创新能力等进行培养。

(二)教师支持与重视

在现代高校体育课程教学中,不管是讲授理论知识,还是示范动作,多媒体课件作为重要的辅助性教学手段发挥着不可替代的作用。在现代高效体育教学中,尤其是以运动技能为主的体育课上,教师运用多媒体课件来示范、演示动作的现象屡见不鲜。可见,体育教师已经接受了多媒体技术,并将其作为自己的辅助手段而运用于课堂教学中。

随着多媒体技术的普及以及体育教师信息化素养的不断提高,现代信息技术在高校体育课堂中的运用将会越来越受重视,信息化教学手段的运用率将越来越高,而且在其他学科的教学中也将逐渐渗透信息技术与课程整合的理念。

(三)信息技术环境的支持

信息技术环境的支持主要表现在两个方面,分别是有形信息技术环境的支持和无形信息技术环境的支持。

1. 有形环境

高校中有关信息技术的硬件环境就是有形的信息技术环境。近年来,高校网络教学平台的出现为高校教师制作与运用网络课程提供了很大的便利。网络教学平台的核心是网络课程,该平台将体育教学资源充分整合与利用起来,服务于数字化体育教学的实施,传统体育教学与网络课程教学在该平台实现了有机的集成。

网络教学平台中包含诸多子系统,如数字资源、网络平台使用指南、精品课程、专题学习网站等,各子系统下的功能板块各有特色,而且功能在不断完善。体育教师从课程目标出发,在网络教学平台各子系统的相应板块中导入教学材料,便可以进行网络教学了。可见,在有形信息化教学环境的支持下,信息技术与体育课程的整合非常可行,而且在教育管理系统的支持下这种整合更加容易实现。

2. 无形环境

高校体育教师与学生的信息素质就是这里所说的无形的信息技术环境。体育教师的信息素质和学生的信息素质对信息技术与体育课程的整合来说都很重要。

高校体育教师在教学活动中将信息技术作为辅助工具,通过信息技术向学生传播教学信息,与学生互动交流,并接收反馈信息。随着信息技术的迅猛发展、广泛普及以及深入渗透,再加上体育教师信息化素养的不断提高,现代教育技术将会被越来越多的教师运用到体育教学中。

大学生的信息素质为信息技术与体育课程整合奠定了良好的基础。在信息化时代,随着教育信息化水平的提高、网络的发展以及数字化、智能化生活用品和学习用品的出现,大学生的信息素质较之前有了鲜明的改善。信息素质高的大学生善于运用信息技术获取信息,将信息技术作为认知学习工具,充分利用信息技术的功能使其为自身学习而服务,从而不断提高学习效率,达到预期的学习目标。

在信息时代,现代教育倡导的学习方式是以资源为中心的,随着互联网的不断发展,信息的容量之大、传播速度之快都是非常惊人的,其中不乏与体育课程息息相关的信息资源。这对高校师生的信息素质提出了较高的要求,师生只有把握住了良好的时代机遇,勇敢迎接挑战,敢于突破和尝试,信息技术与体育课程有机整合才更有可行性。

三、信息技术与高校体育课程整合的专业理论基础

信息技术与课程的整合离不开相关学科理论的指导和支持,下面从运动生理学、体育心理学两方面来为信息技术与高校体育课程的整合提供科学指导与保障。

(一)运动生理学

人体在体育运动中会发生一系列的生理变化,运动生理学主要对其中的变化规律进行研究,以指导人们科学参与体育运动,保障生理健康和运动效果。

体育教学和运动训练中很多问题的理论依据都源于运动生理学。例如,学生在体育实践课上要重复练习一些技术动作,生理上承受的运动负荷较大,教师要基于对学生身体健康情况的考虑而安排练习活动,并注意对学生的生理反应进行观察;学生在运动技能的学练中,高级神经活动伴随其中,这使得学生要经过泛化学习、分化学习、自动化学习三个阶段才能熟练掌握运动技能,这也是运动技能形成的一般过程,在每个阶段人体生理活动的表现、特点均有区别,教师在运动生理学理论的指导下更容易对学生的生理变化特点与运动技能形成过程进行准确把握。

总之,教师要以运动生理学为理论依据而充分利用信息技术这一情感激励工具去激励和引导学生学习,并引导学生在体育学习中将信息技术作为认知工具去使用。

(二)体育心理学

人在体育活动中也会出现各种心理现象,发生心理反应,引起心理变化,体育心理学作为心理学的一个分支,主要对人在体育活动中的一系列心理变化、反应及各种现象、规律进行研究。不同人在体育运动中心理活动都有一定的差异,具体表现在感知觉、注意力、记忆、情绪、动

机、思维、意志力、个性等方面,人在运动中的心理活动差异及差异产生的原因、形成的规律等是体育心理学研究的主要内容之一。此外,体育活动与心理健康的关系、运动训练和比赛中的特殊心理现象、运动技能形成的不同阶段人的心理表现等都是体育心理学的主要研究内容。

大学生在学习运动技能的过程中,因为身体承受运动负荷而导致生理上发生一些变化,与此同时,心理上也会产生相应的反应和变化,有些心理现象是在运动负荷下才会伴随出现的,而不会出现在理论知识的学习活动中。大学生在身体练习中出现的心理现象有积极的,也有消极的,积极的心理现象对学习技能有好处,而消极的心理反应会对正常学习活动造成阻碍,如何把握心理现象的产生与变化规律,如何调整心理,这需要体育心理学的引导与支持。体育心理学作为信息技术与体育课程整合的重要理论依据之一将发挥重要的作用。

四、信息技术与高校体育课程整合的方法

信息技术与高校体育课程的充分整合可以从资源、模式和过程三个方面实现。

(一)资源整合

资源整合是完成课程整合的基础。没有丰富的、高质量的教学资源,就谈不上学生的自主学习,更不可能改变教师主宰课堂、学生被动接受知识的状态,无法让学生自主发现和自主探索,也就无从创建新型教学结构。如果无法创建新型教学结构,自然就难以培养创新型人才。

重视体育教学资源的建设,要求广大教师努力搜集、整理和充分利用互联网上的资源。资源整合是一种以优化教育资源为目标的组织形式,是教育者、管理者通过合理配置硬件资源、充分利用网络资源、培养开发人力资源以及有效建构课程资源来实现组织形式的"优化整合",是课程整合的基础与保障。

(二)模式整合

信息技术与高校体育课程的整合要通过全新的教学模式来实现,能实现课程整合的教学模式很多,下面简单分析几种具有代表性的教学模式。

1. 讨论式教学模式

讨论式教学模式可以激发学生的学习热情和创造思维,增加学生之间的协作和交流,也能提高学生的思考能力和多种表达能力。

2. 探究性教学模式

探究性教学模式适用于各个学科所有知识点的常规教学。这种模式可以达到认知目标与情感目标的要求,改变了传统教学中学生被动接受的状态,使学生处于积极主动的地位,能有效激发学生的学习兴趣和创造思维。

探索性教学模式包含问题、资料、提示和反馈四个基本要素,将这几个基本要素进行有效组织和衔接,能够在简单的信息技术背景下达到良好的教学效果。[1]

3. 网络式教学模式

网络式教学模式能够使师生实现对丰富多样的信息资源的共享,师生可以通过便捷的渠道快速获得来自世界各地的资料和信息,这种强大的功能是其他任何媒体技术手段都无法企及的。

4. 个别化教学模式

个别化教学是个性化教育的重要方式之一,该模式强调尊重学生的个性、个体差异,强调因材施教,通过个别化指导而发展学生的兴趣,促进学生个性品质的完善。

以上几种教学模式的构建思路与实施程序各不相同,若能对它们的构建与实施步骤有充分的掌握,并将其灵活运用于体育教学中,便能够使信息技术与体育课程的整合更深层,并达到更理想的教学效果。

(三)过程整合

信息技术与体育课程的过程整合指的是一种体育教师以教为目的、学生以学为目的的具体操作形式。这种方式整合的实现过程主要由下列三个阶段构成。

---

[1] 寇海莲,李毅.现代教育技术与初中体育与健康教学[M].北京:高等教育出版社,2009.

1. 课前准备阶段

课前准备阶段以教师的活动为主,也就是教师的备课活动以及为备课而做的所有准备。这一阶段教师对教学方案进行设计,从相关网站收集有价值的信息资源,对网络信息与课程内容的结合点进行捕捉,在主要信息与课程内容之间建立关系,完成信息化教学平台的搭建。

2. 课堂实施阶段

课堂实施阶段强调教师与学生之间的互动,师生参照准备阶段设计的教案进入正式教学阶段。在课堂实施阶段,教师提出教学目标、教学任务以及教学内容、教学重难点,学生以教师的导入问题为依据而比较自主地对自己的学习方式作出决定,尝试通过各种手段来自主解决问题,并在必要的时候与教师和同学进行讨论。

3. 课后拓展阶段

课后拓展阶段是学生的"主场",以学生活动为主,教师的任务主要是将有用的网站、网址提供给学生,并对学生进行网络安全教育。学生在课后拓展阶段主要从以下几方面进行拓展学习。

(1)浏览与收集对学习有帮助的网络信息。
(2)通过专题学习网站巩固课程知识。
(3)通过应用网站来拓展课程知识和视野。
(4)利用电子邮件、微博等方式,围绕学习问题而与教师、同学进行讨论。

五、信息技术与高校体育课程整合的教学结构

(一)信息技术与课程整合下的教学结构

教学系统中包含多元因素,这些因素之间以比较稳定的方式相互联系,并基于相对稳定的关系而相互影响,它们之间的这种关系与联系是形成教学结构的关键。不同的教学系统因为各自包含的因素之间的关系不同,因而也形成了不同的教学结构。教学结构的不同也决定了不同教学系统在功能上的差异。在信息技术与课程整合下形成的教学结构与传统教学结构相比有了一些变化,也就是教学系统组成要素的相互关

系发生了变化,其中各要素通过信息技术而相互联系、相互影响是最为明显的变化。信息技术成为教学系统内各要素相互影响、相互作用的中介与纽带。

信息技术与课程整合下常见的几种教学结构如图4-1所示。

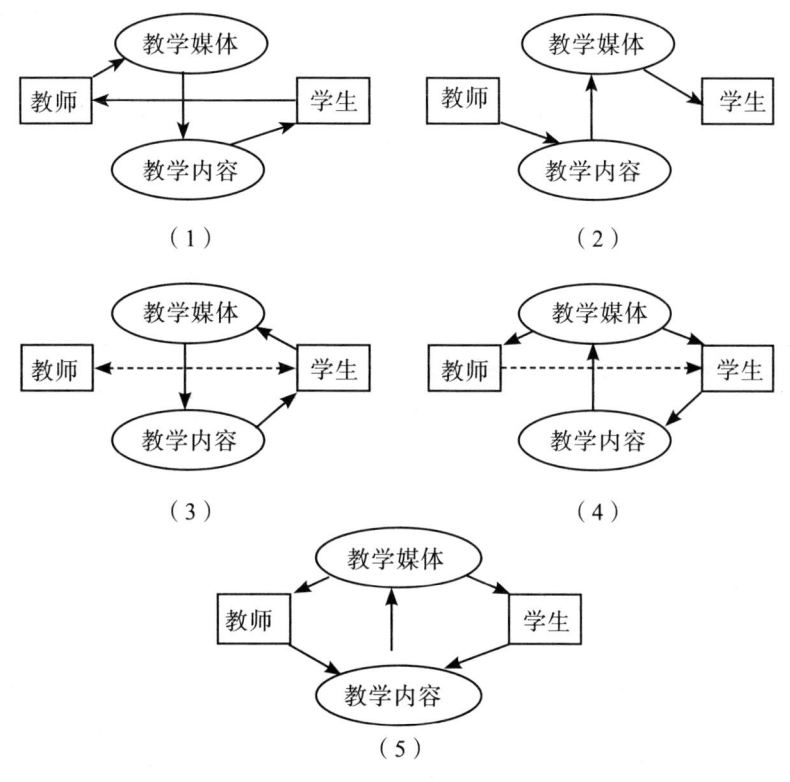

图 4-1 常见教学结构[①]

（二）信息技术与高校体育课程整合的主要教学结构

从教学系统中各要素之间的联系来看,信息技术与高校体育课程整合下主要有以下三种类型的教学结构。

1. 以教师为中心的教学结构

从本质上而言,信息技术与体育课程的整合就是信息技术与体育教学的结合,进行数字化、信息化的体育教学。在信息技术与体育课程的

---

① 阿英嘎.信息技术与体育教育专业课程整合[M].南京:南京师范大学出版社,2010.

整合中产生了诸多教学形式,其中必然存在以教师为中心的教学形式,同时它也是一种常见的体育教学结构。在这种教学结构中,体育教师要善于将信息技术有机融入以自己为中心的教学活动中,并在应用信息技术的过程中注意以下两点事项。

第一,体育教师要对自己在教学活动中的主导作用以及信息技术的重要地位和作用有清晰的认识。

第二,将信息技术融入教学内容的展示中,必要时可以将其融入教学过程的始终。

2. 以学生为中心的教学结构

以学生为中心的教学结构强调学生的主体性和能动性,强调由学生自主构建知识、掌握知识,教师主要起引导、帮助以及答疑的作用。以学生为中心的教学结构之所以能够形成,其中一个原因要得益于快速发展的信息技术所提供的良好基础条件。这种教学结构只有在信息技术与课程整合的前提下才能实现。

以学生为中心的教学结构也强调尊重学生的个性和不同学生之间的差异,这为因材施教和个性化教学提供了良好的条件。在运动技能教学中采用这一教学结构能够充分发挥其优势。但这种教学结构也有弊端,如对学生的自主学习过分强调,对教师的主导作用、师生的情感互动等比较忽视,而过分强调学生主体学习的自由度容易与教学目标的要求发生偏离。例如,在运动技能教学中,学生初步接触新的技术动作,如果只夸大学生的主体性,忽视教师的示范与引导,容易使学生动作出错,并无法及时纠正。教师及时发现并纠正错误的作用是学生本身无可替代的。

3. 学教并重的教学结构

从前面两种教学结构来看,教学中存在这样一个矛盾现象:学生的个体差异对运动技能的学习效果有很大的影响,这便强调了区别对待的重要性,同时也表明在体育教学中采用以学生为中心的教学结构是合理的,但在运动技能形成过程中,教师指导和帮助的重要性又显示出体育教学活动必然离不开教师的参与。解决这个矛盾的方式便是设计"学教并重"的教学结构。这是一种相对理想的教学结构,它介于上述两种结构之间,既不以教师为中心,也不完全以学生为中心,而是强调既发挥教师的主导作用,又重视学生的认知主体作用,师生共同发挥作用,共同努力达到教学目标。

第二节 现代教育技术在高校体育教学中的应用

一、现代教育技术在高校体育教学中的常见应用形式

从高校信息化体育教学实践来看,将现代教育技术应用于体育教学活动中主要有以下几种形式与方法。

(一)演示—讲授教学

信息化教学环境下的演示—讲授教学是指教师借用多媒体技术创设形象、场景,提供演示或示范,激发学生的学习兴趣,帮助学生观察、记忆、想象和感知,从而提高学生的学习效率。演示—讲授教学是信息化体育教学中应用较多的一种教学方式。

在演示—讲授教学中,教师处于主导地位,教学结构与传统教学结构相似,但在传统教学方法中加入了多媒体演示的环节,学生接受知识的方式也发生了变化,不是被动接受,而是通过多媒体资料构建新知识。教师往往借助多媒体将抽象的原理形象化,借助图片、视频、动画等简化教学内容,提高教学效率。

多媒体演示—讲授教学形式具有显著的优越性,充分发挥其优势,可以取得理想的体育教学效果。在演示—讲授教学方法的操作中,要注意以下几个要点。

(1)充分发挥教师的主导作用。
(2)对多媒体的使用要少而精。
(4)制作多媒体课件要达到结构清晰、易于控制的要求。

(二)多媒体示范教学

在运动技术技能教学中,准确、完整、优美的示范是建立正确动作表象的前提。教师能否给学生正确地展示动作要点是技术技能教学的重点和难点。传统体育教学中教师主要采用讲解、示范和图解的方法来展示动作要点,这虽然起到了重要的作用,但还是有弊端的。而多媒体具有丰富的表现力,运用多媒体技术能够以内容生动、图像逼真、声音动听的形式展现抽象的概念、成套的技术动作以及复杂的变化过程,使学生利用视觉、听觉、言语等多种分析器官进行学习,加深学生对知识的理解和记忆,使学生快速建立正确的动作概念,掌握正确的动作。

(三)音乐—情境式教学

人类在人际交往中进行信息的传递、情感的表达时,声音是最为常用的一种手段。而音乐作为一种常见的音频符号,对人的情绪有直接且重要的影响。在体育教学中,教师为创设情境、烘托气氛,总会播放一些"应景"的音乐,这成为体育教学情境创设中最常用、最简单方便的一种方式。

在体育实践课教学中,音乐—情境式教学方式常常被运用在开头的准备部分和结尾的放松部分。

在开头的热身准备阶段,教师往往会选择学生耳熟能详的音乐来播放,播放的音乐一般有着很强的节奏感,使学生进入兴奋状态,在音乐伴奏下进行热身练习,活动各关节,不断加大运动强度,直至全身发热,做好正式练习的准备。

在结尾的放松阶段,为了使学生充分放松全身肌肉,放松心理,教师往往会选择一些时尚流行的、轻松愉快的歌曲来播放,使学生跟随音乐做放松整理活动。体育课上的整理活动往往比较单一,容易使学生失去兴趣和参与的积极性,而播放欢快的音乐,营造轻松愉悦的氛围,使学生跟着音乐节拍做一些自由的肌肉放松动作,有利于激发学生的兴趣,调动学生的积极性,防止学生产生厌烦心理。

音乐—情境式教学方式在体育实践课中主要运用于准备阶段和放松整理阶段,但并不局限于这两个阶段,有时在课堂教学基础阶段也会播放音乐,尤其是在体育游戏课上。例如,在短跑、接力跑游戏或比赛中播放节奏较强的音乐,能够将学生的斗志唤醒,激励学生加快速度,顽强拼搏,坚持不懈,争取胜利。

二、现代教育技术在高校体育教学中应用的常见问题与指导建议

(一)传统观念制约了教育技术的应用

传统体育教学观念认为,多媒体电化教学主要应用于以室内教学为主的学科教学中,而体育教学多在室外进行,因此无法采用多媒体教学。再加上体育教师缺乏计算机操作技能和良好的信息素质,因此现代教育技术在体育课上的应用非常罕见。这显然违背了素质教育的要求。

新时期素质教育对高校教师的信息素养、现代化教学技能等提出了一定的要求。体育教师应用信息技术和多媒体手段完成对知识的获取、传播及讲授,能够促进教学内容的丰富和课堂教学效率的提高。因此,体育教师要积极转变传统教学观念,树立信息化教学理念,主动学习信息化教学技能,在体育教学中充分实现信息技术与体育教学内容的整合。

(二)过分依赖网络,缺乏适度引导

网络走进体育课堂与现代教育技术的飞速发展有必然的联系,信息化教学手段在体育教学中的应用具有重要意义,从技术上支持着学生的自主探究学习。基于网络的学习方式成为信息化教学背景下学生普遍选择的学习方式之一,学生依托网络学习,有很大的自由空间,但网络环境十分复杂,有时学生基于网络学习并不能达到预期的目的,甚至学习效果不如传统学习方式,主要原因在于学生会在学习时间浏览其他网站,而没有将时间和精力真正用在学习上,而造成这种不良学习现象的主要原因之一是教师过分依赖网络,缺乏对学生的正确引导。

对于上述问题,需要体育教师充分发挥自己的引导和监管作用,提升自己的监管能力,对学生在网络环境下的动态学习过程进行密切关注、科学引导,提升网络教学的有效性。此外,体育教师在为学生提供网络学习环境和自由学习空间的同时,也要与学生多互动、交流,使学生认识到自己并非在独自进行孤立无援的学习活动,教师一直在密切观察,也会提供必要的指导和帮助,如此才能使学生端正态度,集中注意力利用便捷的网络平台完成学习任务,达到学习的目的。

（三）强调直观演示，忽略思维形成

将现代教育技术应用到高校体育教学中，要根据教学目的和任务、教学内容来制作和选择多媒体课件，这对最终的体育教学效果有重要影响。如果选用不当，则很难取得理想的教学效果。例如，篮球教师选用NBA比赛录像来讲解篮球技战术，但录像中的精彩场面如扣篮、远投等往往比教学内容本身更吸引学生，这样就容易造成学生注意力的偏差，从而导致预期的教学效果没有达到。

现代教育技术具有直观性，这是它的一大优势，我们在教学中利用直观的教育技术并不只是为了演示，为了使事物的形象更生动、鲜明，同时也是为了进行问题情境的创设，从而激发学生独立探索的兴趣，如果在教学中大量使用多媒体手段，使学生将注意力集中在外在方面，那么其抽象思维能力就很难得到培养和提升。

设计与选用现代教学媒体，必须先对教学内容、教学对象的实际情况等进行充分考虑，使教学媒体与这些教学因素相适应，并使教学媒体服务于教学目标。在高校体育教学中选用多媒体课件，要使重点内容在画面布局中突显出来，避免同时出现太多的画面，否则无关紧要的信息会干扰学生的注意力。

多媒体课件的制作与选用要讲求动与静的有机结合与互相衬托，要有鲜明的色彩对比，粗、细线条合理搭配，字符大小适宜，这样能够使学生对教学内容产生更加充分的感知。此外，多媒体课件中的文字数量不宜过多，尽可能选用语言表达方式，尽量不要出现多余动作画面，以免对学生的感知造成影响。

还需要注意的是，在播放多媒体课件时，教师要及时引导，使学生将注意力集中到重点信息上，启迪学生思考，培养学生的思维能力。

第三节　现代体育教育技术及其应用

一、现代体育教育技术的概念

现代体育教育技术是指在体育领域中应用的,包括现代教育技术和信息技术在内的多种相关技术。

现代体育教育技术不仅包括和体育教学、运动训练有关的多媒体设备的介绍、课件的制作、素材的采编,还包括无线网络基础知识、虚拟现实技术在体育教育中的应用以及体育文献资料的检索等内容。这些内容在很大程度上体现了体育领域对现代教育技术的特殊需求。

二、现代体育教育技术研究

体育教育技术是教育技术学的一个分支,是教育技术在体育领域的应用,主要为体育知识、运动技能和体育文化的传播而服务。下面分析体育教育技术研究的内容与任务。

(一)研究内容

现代体育教育技术的任务主要是辅助体育教学和运动训练,提高教学和训练效果。根据这个任务,可以将现代体育教育技术的研究内容概括为以下几点。

1. 教育技术服务体育教学

利用现代教育技术的理念、方法为体育教学服务,主要包括体育教学设计、体育教育资源开发、体育成绩评价等方面。

2. 教育技术服务运动训练

运动训练是一种特殊的教学形式,教育技术服务运动训练主要包括运动训练方案设计、运动训练计算机辅助系统、运动技术仿真、运动训练过程监控等方面。

3.信息技术服务体育赛事

现代大型体育赛事中充满信息技术元素,表现在赛事的组织管理、场馆建设、裁判、成绩显示等方面,这充分体现了信息技术在这一领域的重要性。将信息技术应用于体育赛事领域,关键要从体育场馆智能化建设、赛况分析、辅助裁判等方面落实。

(二)研究任务

作为教育技术学的重要分支之一,体育教育技术的研究任务主要表现在以下几方面。

1.使教育技术在体育领域得到更好的应用

教育技术是促进学习发展的重要学科,在同属于学习领域的体育教学和运动训练中,有些学习问题采用教育技术手段解决能够达到更好的效果,这对实现教育技术本身的价值以及促进体育教学、运动训练的发展都有非常重要的意义。

2.促进体育教育技术的发展

目前,我国有部分体育院校设置了"教育技术学"专业,"现代教育技术"课程在一些师范类体育院校也以公开课的形式出现,这是教育技术在体育领域得到充分应用的表现,在这种情况下必须探索与开发现代体育教育技术的专门研究领域,如此才能使其获得更加专业和深远的发展。[1]

三、现代体育教育技术的应用

(一)体育教学媒体应用

体育教学媒体是指在体育教学中便于师生相互交流与传递信息的工具,其承载着对体育教学信息进行存储、表达、传递的功能,能够被师生选用、操作和控制,以达到体育教学目标。

体育教学中师生对视听媒体和交互媒体的使用更多一些,具体包括下列几种。

---

[1] 程士钧.现代体育教育技术[M].北京:高等教育出版社,2006.

1. 数字动画媒体

在体育教学中,如果教学内容是难度较大的技术动作,则可以采用数字动画媒体来呈现与表达难度动作,同时配合讲解,以促进教学效果的增强。这种情况中主要是利用数字动画的移动、定格、慢放、旋转等功能与特征来达到理想效果。

例如,对初学铅球的学生来说,投掷技术有一定的难度,对此可利用数字动画媒体来教学,利用数字动画来放大动作细节,将局部动作慢放,使技术要点直观呈现出来,不存在多余的外显内容,再配合教师的讲解,便能够使学生更好地掌握动作细节。

在体育教学中采用多媒体动作辅助教学手段有利于更好地呈现教学内容中的重难点,帮助学生在短时间内将重难点内容掌握好,以促进课堂教学效率的提高。

2. 数字视频媒体

体育运动和体育学科的特殊性决定了体育教学过程的动态性,对于动态化的体育教学来说,比较适合采用数字视频媒体对动态的教学过程进行记录、重放。在部分运动项目的教学中,不仅要求学生将传统动作套路掌握好,还要求学生对新的动作技能进行灵活创造与应用,要达到这个目标,可以利用数字视频媒体来进行动作分解和视频演示。

一些体育项目技术结构复杂,有时需要在瞬间完整、连贯地完成复杂的一连串动作,如体操技巧的滚翻、单杠的回环等,有的动作还是我们在平时生活中不常做和不常见的动作,这便增加了教学难度。对此,体育教师要善于将数字视频技术运用到此类动作的教学中,如录制专业运动员或教练员标准动作示范的视频,利用视频的慢放、重放、暂停等功能来使学生反复认真观看视频,使学生清楚规范的动作技术是一个什么样的标准和程度,快速建立正确的动作表象。

需要注意的是,教师在播放视频的同时对重点技术环节的动作要领进行详细讲解,使学生对关键动作环节、重难点动作有更好的理解与把握,从而提高学生的认知能力。

3. 多媒体交互课件

根据体育教学的特点、目标和要求而制作的计算机多媒体课件也是现代体育教育技术的重要内容,其在体育教学中的应用率非常高。设计多媒体课件要做到结构合理、层次清晰、内容丰富,集美观、实用、创新于一体,这样的多媒体课件作为辅助教学工具将发挥重要作用。

例如,运用文字、图片、动画、影像等媒体技术的交互特点、综合处理功能而对简单的平面形式的资料进行集成加工,创设真实的教学情境,使教学内容得到更加完整、生动的呈现,令人耳目一新,以此吸引学生的注意力,激发学生的探索欲,启发学生思考。

(二)运动训练辅助系统应用

现代体育教育技术在运动训练中也得到了充分的应用,作为辅助训练工具起到了重要的作用。要促进运动训练的科学化水平提高,就要观看大量的训练和比赛视频,分析相关数据,总结规律,提炼经验,为训练提供参考,使运动员取得更好的训练和比赛成绩。对运动训练和比赛数据的分析离不开计算机多媒体手段。在运动训练中运用信息技术手段,建立计算机辅助训练系统,通过计算机进行数据的采集、存储和分析,从而为教练员对日常运动训练的管理、对运动训练的决策提供便利,同时还能实现对运动训练结果的仿真。

计算机辅助训练系统是现代教育技术背景下多学科交叉的产物,其中包括信息科学、运动生理学、运动医学、运动训练学以及运动生物力学等,将该系统运用到运动训练中,有利于促进训练效率和训练水平的提高,实现训练方法的创新,提升训练的科学水平。

在运动训练中运用计算机辅助训练系统,其实就是将现代技术手段作为训练的辅助工具,首先进行科学建模,然后有机整合数据采集与分析、训练诊断、训练目标确定、训练方案设计、训练过程监控、训练结果评定等各个环节,从而优化训练过程,提高训练效果。

下面分析现代体育教育技术在运动训练中的具体应用。

1. 在仿真模拟动作中的应用

在运动生物力学和信息科学的指导下,将动画分析软件应用于对人体运动技术的动态模拟中,从而产生仿真动作模拟的训练新方法,其主要作用在于方便教练员对技术参数的分析、对技术动作的改进、对技术过程以及技术结果的模拟与预测等。

2. 在训练规划中的应用

利用计算机设计软件对运动训练方案进行科学合理的规划,包括对训练阶段、训练内容、训练指标、训练方法以及训练评价等各方面的规划,这对辅助教练员进行训练计划的制订、训练进度的规划与调控以及对保障训练的有序性和科学性起到了重要作用。

3. 在训练监控中的应用

体育教育技术在运动训练监控中也得到了充分的运用,具体运用于对体能训练过程的监控、对心理训练过程的监控、对运动员机能的评定以及对运动员训练状态的监控等方面。

4. 在运动康复中的应用

将计算机模拟分析技术、科学检测手段等运用于运动训练中,有利于预测训练风险,预防运动损伤,分析伤病情况,为运动康复和医疗康复提供科学依据,保障训练的安全和运动员的健康。

总之,计算机辅助训练系统涉及多个领域,如运动人体科学、计算机图像处理、人机交互技术等,随着这些领域的不断发展与完善,计算机辅助训练系统的功能将越来越完善,从而产生更重要的作用,成为提高现代运动训练水平的重要手段。

第五章 现代教育技术下高校体育教学方法的改革与发展

现代教育技术已经发展得十分成熟,并且在很多学科上都有了一定的发展。但是,在应试教育的大背景以及体育教学的特殊性下,现代教育技术在体育教学方面的发展存在一定的滞后。这在一定程度上制约了我国高校教育改革以及对竞技人才培养的发展进程。因此,本章将从体育教学方法的基础理论、高校常用体育教学方法、现代教育技术下高校体育教学方法改革创新的思路以及高校体育微格教学方法设计与应用四个方面作为切入点,展开系统的分析与研究,希望能够对我国高校现代教育技术指导下教学方法的改革发展起到一定的促进作用。

第五章 现代教育技术下高校体育教学方法的改革与发展

第一节 体育教学方法基础理论

体育教学方法的设计和选择,都是基于一定的理论基础,在能够达到一定的教学目的、符合一定的教学情境的条件下,通过合理设计最终建立的一套具有方法体系的系统理论。

一、布鲁纳的发现教学理论

杰罗姆·布鲁纳是美国的教育家和教育心理学家。以他为首倡导的发现教学法,是指教师在引导学生学习概念和原理时,只是给他们一些事例和问题,让学生独立思考,主动探究,自行发现和摸索相应的原理和结论,通过自己亲身实践获得知识的一种方法。它的主要思想是让学生自主实现认知过程。发现教学法非常适合高校的体育教学活动,因为青年学生已经具备了较好的观察能力、思辨能力和独立思考的能力,在教学活动中,老师可以引导学生积极参与,通过尝试、错误、总结、再验证的过程,可以自己得出结论。布鲁纳认为发现教学法的底层逻辑是引导学生自己对自己的学习负责,并在探索的过程中记住重要的信息,它也是培养和激发学生内在学习动力的很好的教学方法。发现教学模式的基本程序是:问题——假设——验证——总结——提高。

发现教学法具有以下四个主要原则。

(1)教师需要事先建设好学习情境,并将事例和问题描述得足够清楚,以便为学生创造出一个目标明确的学习环境。

(2)在学生主动探索的过程中,教师需要积极配合学生习得经验,对学习过程做好组织工作。

(3)选择的教材难度与逻辑难度都应该针对学生的心智发展水平和认知表征方式做适当的安排。

(4)教师要对学生学习动机的维持进行工作,在教材的安排上,应该注意难度和复杂程度都应与学生的现有水平相匹配。

发现教学法的基本呈现如下。

（1）问题。教师负责提出问题并引导学生进行积极思考。

（2）假设。教师要积极引导学生通过分析、综合、比较、类推等方法不断产生假设，引导学生将现有的各种碎片知识，从不同的角度进行分析，逐渐发现其中的必然练习并形成正确的概念。

（3）验证。在初步得到概念后，再用其他类似事例进行验证，来检验正误，通过进一步的定性分析得到更为明确的判断。

（4）总结和提高。引导学生对认知的性质及其发展的过程作出总结，并从中找出规律，从而在今后的认知和发展中可以得到进一步的借鉴意义。

二、布卢姆的掌握教学理论

布卢姆是著名的教育心理学家。他主要研究教学过程的变革，他创立的理论包括教育目标分类学、形成性评价理论、掌握教学理论，这里重点介绍掌握学习理论。掌握教学理论认为学习的时间最重要，只要学习的有效时间足够长，学生就能达到课程的要求。因此，他认为在教学中，教师的工作职责是为学生提供及时的反馈和指导，帮助他们促成有效的学习时间，那样的话所有的学生都能达到教学目标。

掌握教学模式对于集体性教学的指导意义重大，它强调通过提高学生的学习效率可以大面积地提升学生的学习质量。掌握学习模式的一般步骤分为以下几点。

（1）进行诊断性测验。首先要测试学生现有的水平，明确他们的基础和提升方向。

（2）实施集体教学。

（3）教学进行到一个阶段要进行形成性测验。及时的形成性测验可以明确学生对所学知识的掌握情况，也了解到存在的具体问题是什么、表现在哪些方面。

（4）根据测试情况进行有针对性的辅导。一方面，对于已经掌握的学生进行巩固性和扩展性的教学；另一方面，对未掌握的学生的薄弱环节进行帮助和矫正，再次测验，直至掌握为止。一般认为正确率达到80% ~ 85%即认为学生已经达到掌握的水平。

（5）最终要进行总结性测验。教学和测验相结合，最后进行总结性测验，从而对学生的整体掌握情况进行全面的了解。

掌握教学模式的重点是把诊断性测验、形成性测验和总结性测验结合运用。需要注意的是，掌握教学模式中的各种测验不是为了给学生排名次，而单纯是为了帮助了解学生的学习进展，是为了实施因材施教所必须选择的一种辅助手段。但是，这种教学模式更适用于成绩较差或一般的学生，相对的不太适合于优等生。

三、加涅的指导教学理论

罗伯特·加涅的美国的一位心理学家，他是指导教学模式的大力提倡者。指导学习模式主张最大限度地指导学生，它强调要严密地编排学习任务和流程，并且按照规定程序来指导教学。程序教学模式更适用于技能类和重复类的教学，对创造力和发散思维的训练效果较一般。

四、克拉夫基的范例理论

范例教学理论是由德国的克拉夫基和 M.瓦根舍因等人提出的。它强调的是要精心选择教材中的示范性材料，典型的示范可以帮助学生发展从个别到一般的认知，并掌握规律性的知识，从而能发展学生的能力。范例教学模式的实施程序如下。

（1）阐明"个案"。对典型示范案例进行透彻的分析和认识，帮助学生掌握它的关键特征。

（2）从"个案"扩展到"一般"知识。培养学生掌握规律性的知识以及发现和总结的能力。

（3）联系实际，将某一类知识扩展到现实生活与学习活动中来。

范例教学模式侧重于以点带线、以线带面的教学方式。使学生通过典型、简练的示范性材料掌握事物的一般规律，通过练习举一反三地归纳能力和判断能力，掌握了具有普遍规律的认识程序。但是，不是所有的知识都适合范例教学模式。范例教学模式的难点主要在于教材的编排、典型示例以及从"个案"到"一般"的整个知识体系的有机衔接上。

五、洛扎诺夫的暗示教学理论

暗示教学法最初是由保加利亚的暗示学专家洛扎诺夫提出的。他认为,一切意识都建立在无意识的基础上。无意识状态对于开发人的心理潜力具有特殊功能。传统教学方法更侧重于调动学生的意识层面的控制的能力,而暗示教学法旨在激活潜意识层面的潜力,发对能力提升进行根本的干预和影响。心理学研究已证明,精神处于放松状态下的无意识的心理活动最有利于激发人的超强记忆力和创造力。暗示教学法强调在注意调动和组织学生有意识的心理活动的同时,也加强重视无意识的心理活动,并通过暗示的方式,巧妙地运用无意识来开发学生的生理潜力和生理潜力,使学生得到跳跃式的发展和成长。

第二节 高校常用体育教学方法

高校的体育教学方法是教学活动中的重要组成部分,它是教师与学生进行教与学的主要互动途径,将直接影响教学效果和学生的学习体验。教学方法的选择首先是基于教学目标和教学任务的要求,然后是根据学生的需要而进行有目的地选择一定的教学策略和教学手段的过程。因此,教学方法肩负着多重价值和作用。我国高校常用的体育教学方法都是经过多年的经验总结,最筛选保留下来的十分重要教学手段。

一、发现式教学法

(一)发现式教学法的选择依据

发现教学法的优点在于强调学生的主体地位,着眼于学生的发现能力,并调动起学生的主观能动性和学习的内在动机,从而能够充分地发掘学生的潜力。发现式教学法被广泛地运用于各个国家的教学实践中,它有利于激发学生的学习兴趣,提高学生的独立思考能力,以及培养主动探索的能力。发现教学法的使用范围较广,对于多种智能和知识技巧的掌握都有明显的效果。因此,在高校的体育教学中是最基本的教学方法之一。

（二）发现式教学法的应用

在实际的教学中,发现式教学方法的应用经验较为丰富,已经发展出多种多样的具体的教学手段。但它的基本规律简单明确万变不离其宗。教师不会直接向学生提供具体的技术,而是通过提出问题的方式,将问题抛给学生,引导学生首先产生自主思考,既通过"设疑""质疑""探究""实践""释疑"的过程,然后通过"验证"和"巩固",最终形成对技术的应用与提高。因而,学生是这一过程中的绝对主体,他们自身推动着学习进程的一步步发展,而教师作为引导、辅助和指导的作用。这对于培养学生的探索精神和创新能力非常重要。

在实际教学中,教师还可以通过精心设计一定的客观条件或者问题情境来展开教学。比如,通过"故事""表演""娱乐""舞蹈""游戏""比赛"等,让学生在以上情景中通过适当的方式解决"问题",从而产生主动思维和探索的学习习惯和方法。通过反复实践,促使学生牢固地掌握了重点知识和能力。高校的体育教学中,由于学生已经具有了较强的思维和学习能力,因此,教师在教学中应该把工作重点,放在激发学生的思辨能力和实践能力上。例如,教师应该鼓励学生带着自己的认识和见解,与同学展开讨论。通过争论、辩解、各抒己见的过程,学生搜集和利用现有信息,进行整合和归纳和利用,在情感上和思维上都得到了真实的体验和训练,提升了个人对知识和技术的理解能力。并且,还可以自发进行能力拓展与能力迁移,建立自身的知识和能力体系。

二、程序教学法

（一）程序教学法的选择依据

程序教学法适合那些技术性较强、动作结构较复杂的教学内容,通过把教学目标和内容进行分解,以更低的难度、更简单的步骤逐个进行攻破技术难点。在高校的体育教学中,可以有效降低竞技体育的成分,将原来复杂的动作技术简化处理,可以方便学生的学习和掌握。程序教学法需要遵循循序渐进、因材施教的教学原则,它也符合动作技术的形成规律。

(二)程序教学法的应用

体育教学中有很多技术难度较复杂的动作,非常适合程序教学法。这里以鱼跃前滚翻的教学为例。

教师通过把整套动作分解成若干独立的简单环节来降低学习难度。按照安排好的程序逐步进行教学,每完成一个环节再进行下一个环节,循序渐进地进行练习,等所有的动作都熟练掌握后,再完整地练习整套动作,最终实现学习和掌握完整动作的目的。具体的分解步骤如下。

(1)跃起练习。采用半蹲起跳和蹬地结合,提高跃起能力和四肢的协调配合能力。

(2)团身前滚翻练习。练习紧身团体滚动的技术。

(3)远撑前滚翻练习。练习远撑动作,体会跃起的远度和手臂用力撑地的感觉,以及屈臂缓冲过渡的技巧。

(4)从高处向低处做滚翻动作,体会手臂缓冲动作与滚动技术。

(5)跃过一定高度的前滚翻,感受腾空动作和技巧,提高动作质量。

(6)在保护和帮助下做鱼跃前滚翻。

(7)独立完成鱼跃前滚翻动作,并学会在生活中应用于自我保护。

三、学导式教学方法

(一)学导式教学法的选择依据

学导式教学法也是在高校教学中比较普遍使用的教学方法,适合较为基础性的运动技能。学导式教学是以教师的演练、同学的学练为主要模式。具体而言,在动作技能的教学中,教师首先简明扼要地交代学习目标和学习任务,然后演示规范的动作技术。教师可通过指出同学比较常见的错误,来启发大家对动作有一个基本的概念,在此基础上,让学生通过思考并带着疑问进行学练,然后进一步地体会和探讨,进而明确动作技术和掌握运用方法。最后,通过教师提供正确的示范和精辟的讲解,帮助学生最终获得正确的动作技术概念,经过一段时间的反复练习、验证和体验之后,稳固地掌握技术,并继而在此基础上开发和学习新的技术。

（二）学导式教学方法的应用

在体育教学中，绝大部分的基础性动作都可以通过学导式进行教学。以足球的假传过人为例。

（1）教师演示完整的动作技术，帮助学生形成正确的认知，并对技术的难点有初步的认识。

（2）自主练习。三人一组进行练习，控球学生体会教师的技术动作，寻找合适的时机将球传给队友。

（3）树立假说。根据不同的假说进行练习，主动寻找和验证，并深刻体会到动作的核心环节，再进行练习。三人可以轮流交换位置，每个人都能通过亲身练习体会技术的要点和难点。

（4）通过反复验证、试错、再练习，最终指导该如何避免错误动作，进而增加动作的有效性和流畅性。

（5）教师要及时肯定同学们的进步，加强对正确动作的印象。通过反复练习最终达到娴熟掌握动作的目的。

四、播放教学法

播放教学法是我国高校体育教学中比较传统的教学方法。它一般是借助教学媒体以视频或音频的方式进行辅助教学。学生通过视听的方式接受教学信息。

（一）播放教学法的选择依据

传输方式分为远距离播放教学和课堂播放教学两种形式。远距离教学法多用在教师与学生之间没有办法面对面进行交流，比如像名师名教练这样比较稀缺的资源，往往都是通过远距离播放教师的录影、录音的教学资料，或者利用现代的直播技术进行现场教学，都取得比较好的效果。运用这种教学方法时，要有与讲课教师配套的文字教材或辅导教材供学生阅读，从而加深学习效果。

而课堂播放教学就相对的十分灵活，它一般适用于对经典的教学环节的教学。课堂播放教学法是教师在课堂教学中以讲解、显示、演示、表演等形式，借助播放媒体教学教材，向学生呈现教学信息的教学方法。或者是通过反复观看精彩绝伦的大师表演，帮助学生理解技术动作的要领,或者是通过欣赏高水平运动员的高超技艺,激发同学的学习热情和探索精神。

(二)播放教学法的应用

播放教学法在高校的体育教学中有着悠久的历史,可以说是最基础的常用教学方法之一。首先是由于体育教学的特殊性,某些技术动作是教师难以在课堂上进行完美示范的,因此,需要借助录像或者投影等播放教学法进行辅助教学。特别是一些群体对抗性的教学中,教师一人无法同时演练多名球员配合的场景,这就需要观看正式比赛中的某个环节来弥补。

因此,播放教学法常常被用在足球、篮球、游泳、乒乓球等等体育教学实践中。还有一些传统体育项目的教学活动也需要依赖播放教学法向学生展示完整的运动项目的内容和重要动作。

五、范例教学法

范例教学法可采用小组讨论、排列练习、角色扮演、辩论等方式进行。这种方法的优点是生动具体、直观易学、能充分调动学生的学习积极性和主动性,并有利于学生认识知识内部的逻辑结构、掌握范畴性的知识。特别重要的是,这种方法使学生通过范例不断地发现问题、提出问题、解决问题,并和学生的兴趣、认识能力紧扣在一起,而且又不是封闭式地求得同一答案,这对于培养学生的问题意识、独立精神和创造能力是有着重要作用和意义的。

范例教学法的核心就是通过对典型个案的透彻理解,从而学习到一般规律并运用到其他相似的情况下。这一教学法能有效提高教学质量。

六、目标教学法

目标教学法是通过教师和学生共同讨论和协商,由学生选择自己喜爱的、贴近生活经验的教学内容,并以学生自己的方式进行学习,最终达成教学目标的一种教学方法。在高校的选修课中,常常使用目标教学法。它很好地突出了学生的主体地位,符合学生的个性化学习需要,也注重学生的情感体验,因此,目标教学法是备受学生欢迎的教学方式。教师的主要职责是帮助学生进行甄别和选择,并在必要是给出指导和帮助,教师在指导的过程中注意不要过多地干涉学生的自主意愿,应该是指而不明、引而不发的点拨式教学,让学生充分发挥他们自身的想象力,以及加强自己的学习负责的意识。比如,教师只给出发展有氧耐力的目标,同学们可以根据自身的好恶选择慢跑、追逐跑、跳绳、健美操、球类、游泳等活动形式,只有最终达到提高有氧耐力的目标即可。

七、主题教学法

主题教学法是指教师设定教学主题,然后学生以主题为中心自行展开探索和研究,并根据已有理论提出问题、检验问题、集体讨论以及反复实践的学习过程。主体教学法可以很好地提高学生对所学知识深化理解与融会贯通的能力,以及综合运用已有知识解决实际问题的能力。它提倡学生的自主性和自主决策意识,通过给予学生足够的空间和时间,让学生的自主性得到充分发挥,可以充分地让学生体会到,通过自己的选择、判断、努力和协作沟通能力,最终可以实现学习的目标。它既是一种教学方法,也是一种学习方法。具有自主性、实践性、发展性开放性、综合性的特点。

八、情境教学法

情境教学法是指通过调动学生视觉、听觉、身体、情感等多元智能因素,激发学生的学习积极性和主动性,是学生能够在一段时间内保持强烈的学习动机和欲望,提高自尊、自信,形成良好的意志品质、健康的行为习惯稳定的情绪、合作精神,使课堂具有感召力,使学生在不知不觉中、在快乐享受的体验中进行运动。情境教学法常常用于高校的体育选修课或者课程接近尾声时的综合训练课程,使学生通过游戏、表演、比赛等形式进行综合的、全面的训练。在"情、趣、乐"之中,达到"悦、会、懂"。在具体的教学实践中,教师应该注重技能方面的目标,以及学习态度、行为表现、意志品质、合作精神等非智力方面的目标,综合地进行指导教学。

第三节 现代教育技术下高校体育教学方法改革创新的思路

现代教育技术对高校教育具有重要的意义。实际上,教育技术的发展始终都没有脱离校园,甚至关系非常紧密。每一次的技术变革或者新技术的出现,都会很快被应用到教育教学活动中。可以说,教学方法离不开教学技术,因此,高校体育教学方法的改革,需要从教育技术的角度切入,在符合体育教学特点同时又可以大面积普及的条件下,可以大胆创新,引进各种先进的技术辅助教学,提高教学效率。即使用先进的计算机技术、多媒体技术、网络技术、通信技术和设备,"让最好的教师面向最广大的学生的时代"。

一、多媒体教学

(一)多媒体教学的概念

多媒体教学技术主要指的通过视听等多种媒介技术所特有的对信息进行处理和扩展能力,有目的地引入教学实践中,从而提高教学质量和教学效率。例如,在高校体育教学实践过程中,利用多媒体系统的辅助,不仅能够保证学生对文本知识的学习,使其对静止图片进行观察,并且在多媒体技术的支持下,学生能够清楚地观察、了解复杂的技术动作的分解,或通过慢镜头和重复播放的手段实现理解和掌握技术要领,帮助学生在自己的实践中加以模仿,这不仅使高校体育教学的效率得到提升,也提升了学生的学习体验。

(二)多媒体教学的特征

1. 多媒体技术的集成性特征

多媒体技术具有集成性特性,它主要是指多媒体技术能够将不同类别的多种媒体信息进行有机地同步组合。例如,将声音、文字、图像等进行集成,进而生成更为完整的信息。此外,集成性还有另外一层含义,是指对信息进行处理加工的工具或者设备的集成,包含视频设备、储存系统、音响设备、计算机系统等的集成。总而言之,通过各种先进的设备将各种媒体信息进行关联,使文字、声音、图片与音像的处理过程实现一体化。从而可以给学生带来全方位的、多种感官的体验,对体育教学具有明显的积极作用。

2. 多媒体技术的交互特征

多媒体教学技术的交互性特征,主要是指人与人之间、人与机器之间、机器与机器之间的交互活动,它主要体现为人与机器对话的功能,也就是使用者同机器之间进行沟通的能力。这也是多媒体计算机系统不同于传统音响、电视机等家电设备的地方。根据需要,教师可以选择、控制、检索多媒体系统,同时也可以参与到信息的组织和加工的过程中,而传统的媒体只能对编排好的节目被动接收。

3. 多媒体技术的数字化特征

多媒体教学技术的数字化特征主要是指在多媒体计算机系统中,各种各样的媒体信息都是以数字的形式存储和进行处理的。多媒体技术是在数字化处理的前提下被建立的,例如,以矢量方式储存与处理的图形、以点阵方式储存与处理的图像、以数字编码方式储存与处理的音频和视频。在数字化技术发展的背景下,多媒体教学技术得到了广泛的传播与发展。

4. 多媒体技术的分布性、综合性和实时性特征

多媒体教学技术还拥有分布性、综合性与实时性等特征。实时性特征无需多言,它可以在同一时间内,借助声音与视频信号等的技术,以及人机交互显示、操作与检索等技术,可以让天南海北的人同时进行学习和交流,完成学习任务。

就体育教学而言,体育教师可以将各种相关的主题信息进行整理、编辑和加工,通过技术手段形成更便于学生理解的内容和形式,这可以极大地提高教学效率。

二、微课教学

(一)微课的概念

微课是借助视频技术把教师在课内外教学活动中的重要环节或者片段,主要是指重要的知识点与信息进行展示,这是一种轻巧灵活的教学方式。它的显著如下所示。

1. 碎片化

微课视频的课长一般在10分钟左右,传统的一堂课的时间是45分钟。然而,一堂课的知识点往往是由几个部分组成,这种情况下就可以把一堂课的内容分为几个微课,每个微课有一个简单清晰的主题,学生在学习的时候可以有选择、有重点地安排时间。并且,碎片化还有两个优势,一是有助于学生利用碎片化的时间进行学习,比如排队时,等车时,或者睡觉前都可以用几分钟的时间进行学习或者复习。二是碎片化也有助于降低课程难度,因为毕竟10分钟左右的时间可以承载的信息是有限的,教师在录制的时候会有意识地把信息加工得更加清晰、准确、便于理解。

2. 短小精悍、重点突出

微课对于教师的教学能力也提出了更高的要求。在微课视频的10分钟左右的时间内,要求教师必须重点突出、逻辑严谨、语言简练还要富有感染力,只有这样才能有效地抓住学生的注意力和兴趣点,才能够使学生的学习兴趣得到更好的激发。

3. 能够随时观看和反复学习

在微课的模式下,学生能够按照自身的实际需要,对体育学习活动随时随地的展开。例如,在课程开始之前,学生可以通过微课来预习运动技能、巩固难点和重点等等。对于重点和难点部分,可以反复观看和学习,直到完全地理解和掌握为止。

总之,微课的优势是时间短,信息精炼,这可以让学生利用碎片化的时间进行学习,在进一步提升教学效果方面发挥出有效的促进作用,是作为主要教学活动的一种补充形式。

（二）微课的应用

对于高校体育教学而言，微课的应用最主要的是作为核心技术和技术难点的示例片段，也就是课堂教学视频。除此之外，也有同某个教学主题相对应的辅助性教学资源。例如，素材课件、教学设计、练习测试、教师点评、教学反思和学生反馈等。根据一定的教学目的和组织方式，微课内容营造了主要课程资源之外的一个更轻便的"小环境"，而这里所说的资源单元的显著特征是主题式的，也是发散的。因此，微课同传统单一资源类型的教学资源之间是有一定的差异，也存在一定的联系，即微课作为一种新型的教学资源，其发展基础就是主要的教学资源，然后它们相辅相成，构成更为丰富的教学资源矩阵。

三、翻转课堂

（一）翻转课堂的概念

翻转课堂的概念通常是指重新地调整教学课堂内外的时间，从本质上来讲，就是将学习的决定权从教师手中转交到学生手里，由学生完全自主掌握学习的主动权。

（二）翻转课堂的应用

在翻转课堂教学模式的应用过程中，学生能够在课堂中有限的时间内更专注地开展学习活动，对于全球化、本地化的挑战、现实世界中存在的问题，教师与学生一起研究、解决，帮助学生理解得更加深入和准确。

在课堂教学开展的过程中，教师不必占用大部分课堂时间去讲授信息，而让学生在课堂教学结束之后再对这些信息进行学习。翻转课堂提倡的是更有效地利用课堂时间，通过让学生听播客、看视频讲座、同其他同学互相讨论。此外，教师同每一个学生进行交流的时间也得到了增多。

综上所述，翻转课堂教学模式应用过程中，不管什么时候，学生都能够自主掌握学习进程，而教师就像一个最大的资源库，学生遇到问题和困惑，可以随时向教师请教，即学生是学习行动的发起者，教师是接受者。翻转课堂的最大优势就是充分地调动起学生的学习积极性。

四、慕课

（一）慕课的概念

慕课是一种将在世界各地分布的学习者与授课者通过某一个共同的主题或者话题而联系在一起的方式方法。

几乎所有慕课的授课形式都是每周针对一个话题进行研讨的方式，并且只会将一种大体的时间表提供给授课者与学习者。一般来讲，慕课课程都不会对学习者存在特殊的要求。对于慕课其余课程的结构而言也是比较小的，一般会进行说明的内容比较简单。它的主要特点如下所示。

1. 规模比较大

由于慕课采取的是网络授课形式，因此它的规模一般都较大。这里所说的网络开放的大规模，通常是指那些参与者发布出来的课程，这些课程一般会被人们称作是大规模的课程或者是大型的课程，慕课的典型形式就是这些课程。

2. 网络课程

网络课程的通常是在互联网上进行，而不是面对面的授课。因此，它没有上课地点的特殊要求。例如，如果你想学习剑桥大学的一门课程，那么不管你处在什么地方，不需要花费太多的金钱，只要剑桥大学开通了这门课的网络版本，你就可以通过网络与电脑进行学习。

（二）慕课的应用

慕课在高校体育教学方面的应用还比较少，还有很大的空间可以尝试，因为慕课的教学方式是非常适合高校的体育教学应用的。

随着科技的进步，以及互联网对人们生活和工作的深度影响，对高校教学活动以及学生学习与娱乐的深度介入，将慕课引入体育教学似乎是自然而然的事情。其实广义上来讲，慕课指的就是学生借助互联网对各种有利信息的采集和运用。狭义上讲，是高校以及高校教师可以主动运用丰富的互联网手段和各种资源，有计划、有系统、有组织、有目的地制作一些网络课程供学生学习使用。

作为一种学习方式慕课具备一定的主动性，学生可以按照自己的兴趣爱好,自行选择自己喜欢的运动项目或者动作技巧。由于慕课拥有广泛的资源,因此可以为体育教师的授课带来多方面的助力,可以让学生接触到更丰富的学习资源,还可以与任何地方的体育爱好者交流和分享经验,互相切磋,提高技艺。

现阶段,我国学校体育课的开展形式主要以体育教师授课、学生接受为主,然而,如果增加高校体育课程中慕课的比例,则可以很好地解决这个问题。

五、CAI课件

(一)CAI课件的概念

我们这里指的是体育多媒体CAI课件,它是根据体育教学目标而设计的特定教学内容,反映着一定的体育教学策略,是通过计算机辅助进行教学的一种教学程序。它可以用来储存、传递和处理体育教学的相关信息,呈现数字化、多媒体化的环境,使学生进行交互操作,提高教学效率。它的特点是具有体育图像、文字、声音等多种介质的信息,因此声像并茂,能够激发学生对体育运动的学习兴趣,创建感性逼真的交互环境,调动起学生积的学习热情,丰富了学生的学习途径。它以计算机的体育表征为载体,以媒体为传播工具,有效地提高教学质量,实现教学效果最优化的目标。

简单地说,体育多媒体CAI课件具有以下几个作用。

(1)创造良好的教学情境,有利于激发学生的学习兴趣。体育教师在进行教学设计时,可以利用网络中已有的体育图像、声音、动画、视频,也可以自主开发体育多媒体课件。通过运用视听媒体资源刺激学生的感官,制造更为逼真的学习情境,有利于激发学生的学习兴趣,提高学习积极性。

(2)可以帮助学生建立清晰的运动表象。清晰的动作表象是形成技能的重要基础,它来源于教师的讲解、示范、演示等教学过程。通过体育多媒体CAI课件,可以很好地降低教师讲解的难度和示范的难度,从而帮助学生理解动作,形成概念和记住结构,并在头脑中建立清晰的动作表象。

(3)帮助学生理解教学重难点。多媒体课件可以利用二维、三维动画、视频等资源,全方位地剖析难点,可以让学生直观而快速地理解连贯性强的动作。这样明显可以提高学习效率。

（4）为学生自主学习提供学习资源。这指的是学生可以利用教师提供的多媒体课件，在业余时间自主学习，可以达到更好的学习效果。对于一些想发展业余体育项目但是又没有机会去专门上课学习的同学，可以利用多媒体课件进行自学，然后再到运动场地实践，以达到自学的目的。

（二）CAI课件的应用

体育多媒体CAI课件的应用较为广泛，特别是对于一些动作精度要求较高，或者受场地限制、教学环境限制的项目，教师可以利用CAI课件进行非常生动地讲解。足球、篮球、排球、游泳，等等，机会适用于所有的运动项目的教学。非常适合由于场地或运动技能的局限而无法充分展开的教学内容，而且由于CAI课件的生动有趣，对提高学生的学习兴趣、专注力以及学习积极性都有积极作用。

第四节 高校体育微格教学方法设计与应用

一、微格教学的概述

微格教学（Micro teaching）是师范生和在职教师掌握课堂教学技能的一种培训方法，又被译为"微型教学""微观教学""小型教学"等。最初，微格教学形式的出现是为师范生提供一个教学实践的机会而设立的，这是对他们正式进行授课的一种必要的训练。它的特点是学生较少、课程长度较短、教学复杂程度较低，简而言之，微格教学就是一种简化了的、更为细分的解学模式。

二、高校体育微格教学方法的设计

（一）设计原理

所有专业的微格教学在设计方面的方法都是一样的，但是在具体的操作方面需要结合每个专业的特点。但是它们都具有一些共性，一些通用的基本原则。

1. 目标管理原则

体育微格教学的设计要以实现教学目标为主导,实际上所有的技术都是为了目标而服务的,如果偏离了教学目标,那么再先进、再好用的技术也没有使用的意义。同时,为达到预定的微格教学效果,教师需要实现对学生进行必要的讲解,让学生从身心做好准备,这样才能更好地实现课堂教学目标。

2. 系统设计原则

微格教学系统中主要包括教师、学生、课程和教学条件四个要素,这几个要素构成了体育微格教学的大系统。在进行教学设计的过程中,要遵循系统性的原则,要根据体育专业的不同而突出专业的特点,教师要善于划分课堂教学的子系统,在子系统优化设计的基础上达到总体优化。也就是说,微格教学设计是一个复杂的全系统设计,每个分支是由不同的子系统构成,既要重视全系统的完善,也要注意子系统与子系统之间的关联。

3. 反馈和评价原则

反馈与评价是微格教学的重要组成部分。在每一次的微格课程结束后,学生通过及时观看自己的录像,可以直观地认识到自身的动作错误,并通过教师的指导,以及其他同学们的讨论评价,从而获得技能水平的提高。这就是反馈与评价相结合的原则。

(二)设计方法

1. 明确目标

首先要明确教学目标和教学任务,同时也要使学生明确学习目标,以激发其学习积极性和主动性的角度出发。因为,教学效果的在很大程度上取决于学生的接受度,而只有学生明确了学习目标,产生学习的渴望,然后再选择合适的教学方法和手段,才能得到事半功倍的效果。有经验的教师往往善于利用学生的好奇心和好胜心,以及内在动机进行教学设计,才能顺利地引导学生进入课题。

2. 变化刺激

在教学活动中,要保持学生处于较高的专注程度,因此,在设计微格教学的课程内容时,要注意适时的变化刺激。引导学生始终投入较高的注意力在课堂上。

3. 与现有知识和技能连接

新的教学内容不能脱离学生现有的能力太远,应该做到新旧联系,在学习新技能的同时,也是对原有技能的加强和巩固。无论在什么情况下,只要所学习的是一种新的能力,那么某些先学会了的能力就会从长时记忆中检索出来,以支持新的学习。学生把新旧知识有机地联系起来,这就需要教师有意识地进行提示,启发学生进行回忆,并在已学过的知识基础教授新内容。

4. 增强与保持

增强与保持也是课程设计过程中要主要的地方,想增强保持就必须减少遗忘。因此,为了巩固学生所学的知识,教师在设计课程时就要有意识地增加有助于记忆的条件,比如通过强烈的视觉冲击、自身体验、反差对比等方式,以及在选择素材时,尽量选择生动有趣的信息和素材。

5. 促进能力迁移

迁移是指将已获得的知识技能、方法和态度迁移到新的知识和新的技能的学习中。促进迁移的条件主要包括掌握基础知识、培养分析问题的能力、提高概括水平等。

6. 创造情境

创造情境,引出动作。使学生对所学知识做出反应,通过各种形式来表明对知识记忆、理解的程度,或把知识应用于新的情境,从而日后可以解决更为复杂的问题。

7. 准确评价,提供反馈

评价和反馈微格教学中的重要环节,正是通过教师和学生之间的评价与反馈,才能让学生对其动作效果进行观察之后进行思考。比如,通过观看录像和教师的评价,学生可以清楚地知道自己刚刚完成的动作,哪里非常出色,哪里还有问题需要改进。这些都是促进学生学习和进步的重要信息。

三、微格教学的应用

（一）在竞技体育领域的应用

微格教学最早在我国被引用是从20世纪50年代开始的,当时,我国竞技体育领域开始把专业比赛中的录像应用在运动员的训练中,通过给运动员回放比赛中的动作纪录,或者慢镜头,可以很好地启发运动员改进自己的动作问题,学习高难度动作的核心技术。这就是最早的微格教学在我国竞技体育领域的应用。

（二）在体育教育专业的应用

直到20世纪90年代中后期,才被引入针对体育教育专业的高校课堂。应用场景是让学生在毕业前和进入实习岗位之前接受最后的模拟授课训练。通过微格教学的方式,让青年学生讲授中小学体育基础理论课,目的是训练和提高青年学生的授课技巧。后来这种微格教学活动逐渐被推广到体育专业多种课程的教学活动中去了。

（三）在高校体育教学的普遍应用

目前,微格教学已经较为广泛地应用于高校的体育教学中。例如,在进行户外的挺身跳远项目时拍下实时录像。然后,在室内进行观看、讲评,通过反复观看和慢镜头播放,教师可以对典型错误进行讲解和纠正,甚至可以做成连续的动作照片,供学生们逐个逐个地体会。比如哪个动作幅度太大、哪个动作太僵硬、哪里明显地做了多余的动作等,通过微格教学,可以快速准确地帮助学生看到自己的问题所在,从而有针对性地进行练习和提高。并且,对于一些微妙的技术环节,可以反复地观察和体会,很好地弥补了肉眼捕捉不到的细节。

需要注意的是，在体育领域，运动成绩是决定运动技术优劣的客观标准。所以，教师在确定评价标准时务必要严格准确，这样才能保证教学的质量和学生技能的稳定提高。

第六章 现代教育技术下高校体育教学模式的改革与发展

现代教育技术作为一种新的教学手段,在体育教学过程中以其独特的优势和强大的功能而发挥重要作用。在体育教学实践中运用现代教育技术,既能弥补传统教学模式的不足,改进与优化传统教学模式,又能通过深度融合而创造出新的信息化教学模式,从而提升体育教学效果。本章主要对现代教育技术下高校体育教学模式的改革与发展进行研究,首先阐述体育教学模式基础理论,分析高校体育教学中常用的几种教学模式,然后探讨现代教育技术与高校体育教学模式的融合以及信息化体育教学模式的构建。

第一节　体育教学模式基础理论

一、体育教学模式的概念

(一)教学模式

教学模式是指反映特定教学理论逻辑轮廓,为实现某种教学任务的相对稳定而具体的教学活动结构。

(二)体育教学模式

把教学模式的定义引申到体育教学理论中,体育教学模式既要有模式的共性,又应有体育教学的个性。可以把体育教学模式定义为:体育教学模式是指在一定的教学思想或理论指导下,设计和组织体育教学在实践中建立起来的各类体育教学活动的范型,它以简化的形式稳定地表现出来。[①]

二、体育教学模式的特征

(一)简明性

体育教学模式是对实践经验的提炼概括,是对复杂理论的总结和物化,教学模式中的教学结构和教学程序以精练的语言、象征的图像和明确的符号表达整个教学过程,使教学过程成为一个更加具体、清晰的框架,使整个教学模式变得简单明了。体育教学模式的简明性特征对于增加人们的认识和了解有很大的帮助。

(二)整体性

体育教学模式是基于对体育教学过程基本框架的整体考虑而构建的,既要分析研究各个教学要素以及各要素之间的内在联系,又要分析

[①] 陈炜,黄芸.体育教学与模式创新[M].北京:光明日报出版社,2016.

研究影响体育教学的外部环境因素,以综合考虑教学内部环境和外部环境及内外影响因素,从而更好地确立教学目标、选择教学方法、规范教学活动、解决教学问题。

基于整体考虑而构建基本教学框架后,要在教学实践中检验教学框架结构的合理性和稳定性,并根据反馈而调整与完善。

(三)稳定性

在长期的体育教学检验中逐步定型的体育教学模式在结构上比较稳定。不同体育教学模式的适用条件有差异,当具备运用某一教学模式的特定条件时,该模式就能运用于教学中,发挥稳定的教学功能。

在不同情况下运用同一教学模式时,教学程序稍微有所调整,但整个操作过程变化不大。体育教学模式从理论上高度概括了体育教学实践活动,反映了具有普遍意义的体育教学规律,具有很强的稳定性。

(四)操作性

经过反复提炼与加工而构建的体育教学模式在体育教学实践中具有较强的可行性与可操作性,能够为顺利开展体育教学活动而提供科学有效的方法指导。

(五)优效性

社会生活中的竞争是处处存在的,体育教学模式也需要经历一个"优中选优"的竞争过程。人们为了取得更加理想的成绩,会在众多教学模式中选择最优秀的一种,通常优秀的教学模式会被更多人使用,也就能获得更加长久的生命力,而落后的教学模式会在时代的发展中被淘汰。因此,一种体育教学模式想要更长久地存活,就要根据时代发展不断进步,时刻保持优效性。

三、体育教学模式的分类

体育教学模式千差万别,基于不同的标准可以对其类型进行不同的划分,下面主要介绍两种分类方法。

(一)根据体育教学要素进行分类

体育教学体系包括体育课程、体育教学思想理论、教学目标、教学方法、教学组织形式等重要因素,依据不同的要素可以对体育教学模式进行不同的类型划分,如图 6-1 所示。

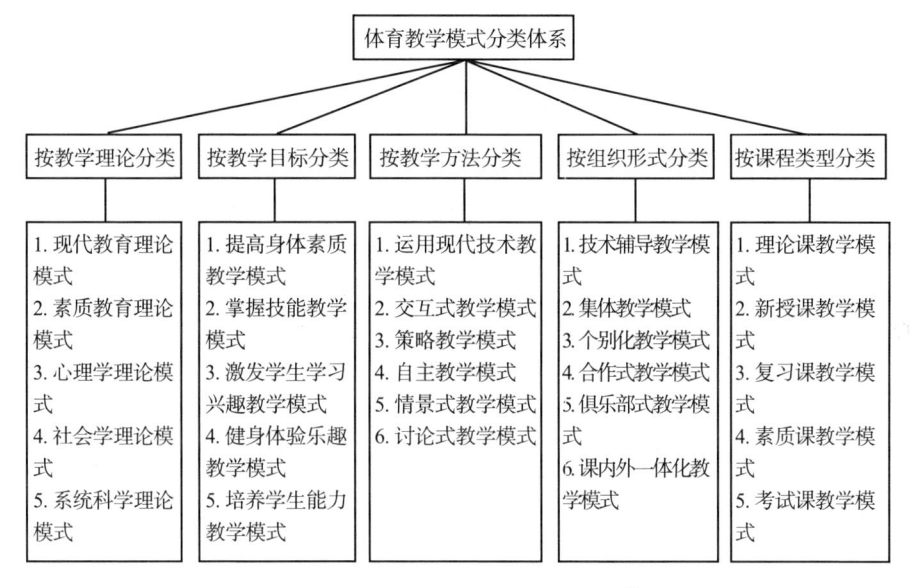

```
                    体育教学模式分类体系
   ┌───────────┬───────────┼───────────┬───────────┐
按教学理论分类 按教学目标分类 按教学方法分类 按组织形式分类 按课程类型分类
1.现代教育理论  1.提高身体素质  1.运用现代技术教  1.技术辅导教学模  1.理论课教学模
  模式            教学模式      学模式            式                式
2.素质教育理论  2.掌握技能教学  2.交互式教学模式  2.集体教学模式    2.新授课教学模
  模式            模式        3.策略教学模式    3.个别化教学模式    式
3.心理学理论模  3.激发学生学习  4.自主教学模式    4.合作式教学模式  3.复习课教学模
  式              兴趣教学模式  5.情景式教学模式  5.俱乐部式教学模    式
4.社会学理论模  4.健身体验乐趣  6.讨论式教学模式    式              4.素质课教学模
  式              教学模式                      6.课内外一体化教    式
5.系统科学理论  5.培养学生能力                    学模式          5.考试课教学模
  模式            教学模式                                        式
```

图 6-1　体育教学模式分类体系[①]

(二)根据体育教学过程的规律进行分类

根据体育教学过程中的各种规律对体育教学模式进行分类,具体划分方式见表 6-1。

表 6-1　根据体育教学过程的规律进行分类[②]

体育教学过程中的规律	模式类型	操作程序
认识规律	发现式模式 启发式模式	(1)问题假设 (2)实验性练习 (3)验证练习 (4)结论评价

---

① 葛冰.体育教学模式的整体优化研究[D].东北师范大学,2007.
② 李国泰.体育课程组织形式及其教学模式论[M].重庆:重庆大学出版社,2005.

续表

体育教学过程中的规律	模式类型	操作程序
技能规律	技能传授式模式 程序式模式 自学式模式	(1)整体认识 (2)分解学习 (3)完整串联 (4)熟练巩固
负荷规律	训练式模式 活动式模式 自练式模式	(1)准备性活动 (2)主活动 (3)副活动 (4)整理活动
交往规律	小群体模式 体育课堂社会模式	(1)集团组成 (2)集团学习 (3)集团机制 (4)集团解散
情感规律	情景教学模式 快乐教学模式	(1)初步体验(活动乐趣) (2)挑战学习1 (3)挑战学习2(学习乐趣) (4)创造改良(创造乐趣)

四、多元教育融合下体育教学模式的程序设计

在知识经济时代,国家与民族的发展离不开科技和教育的推动。通过发展教育,要对优秀的高水平的全面型人才进行培养,全面型人才要具备的特点是科学文化素质高、身心健康、人格健康、品德高尚、责任感强、人生态度积极等,人才培养目标充分指明健康教育、科学教育和人文教育成为我国高校教育的重要组成部分和重点内容。随着高校体育教育的不断改革与发展,其与科学教育、健康教育、人文教育不断融合,科学、健康、人文等方面的教育在体育教学中深入渗透,并得到充分体现。在体育教学改革中,教学模式的改革创新是非常重要的一个方面,教学模式改革过程中也同样将科学教育、健康教育和人文教育融入其中,在多元化教育融合中不断创造出新的教学模式。

随着科学教育、健康教育、人文教育在体育教学模式中的不断渗透,体育教学中越来越重视学生的主体地位,体育教师试图以学生的立场来把握教学内容,组织教学过程,设计教学方法,尽可能使学生的合理需求得到满足,使学生的学习积极性、自主学习能力得到提升,并使学生能够根据自己的实际情况建立学习目标、制订学习计划,在自主学习中享受体育的乐趣,提升自身健康水平、运动能力以及体育素养。

有学者从体育教学模式的概念出发,结合体育教学模式与科学教育、健康教育、人文教育融合的指导思想、基础理论以及趋势,指出多元教育融合下体育教学模式的操作程序如图 6-2 所示。

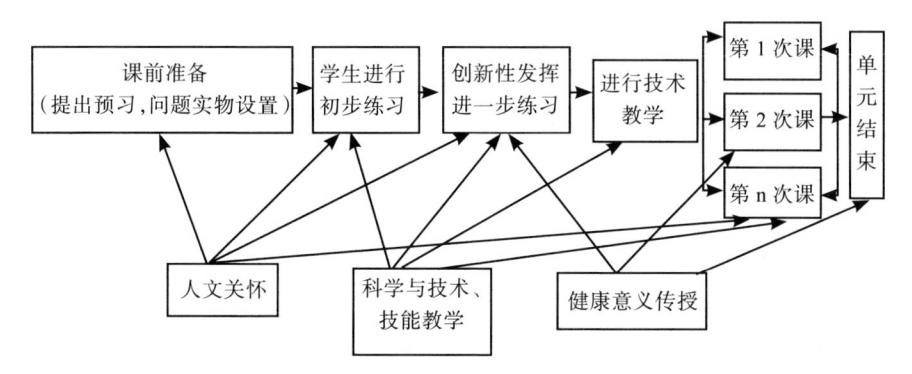

图 6-2　多元教育融合下体育教学模式的操作程序[①]

从上图来看,多元教育融合背景下体育教学模式的操作程序比一般的教学模式的操作程序更加复杂,其中充分体现了健康意识的培养、科学与技能教学以及人文关怀,它们相互交叉,对整个体育教学过程和教学效果有重要的影响。

下面简单分析多元教育融合背景下体育教学模式的操作流程。

(一)课前准备

课前准备阶段,教师要先熟悉和深入理解课程内容,在正确而深入地把握课程内容后,设计单元目标,并对相应的教学情境进行设置。这一阶段还要求教师对学生的各方面情况加以了解,为因材施教和个性化教学做好准备。

教师在这一阶段设置教学情境时,要注意尽量设计能够吸引学生注意力、启发学生自觉思考以及能够在实践中得到检验的问题,以激发学生的学习动机和自主性,同时教师要与具体技术相结合而设计教学场景,充分把握教学内容中的重难点。

---

① 陈炜,黄芸.体育教学与模式创新[M].北京:光明日报出版社,2016.

(二)学生初步练习

学生在教师设置的教学情境中自主学习、自由练习,采用适合自己的方法熟悉动作,建立正确的概念和形象。在这个阶段,教师要提供基本的专业指导,并提供保护。

(三)创新性发挥,进一步练习

初步练习后,同学之间相互评论、总结,讨论自己在练习中采用了哪些方法和手段,哪些手段更适合自己,教师从增强学生体质的目的、因材施教的原则出发选出效果最好的练习方法和手段,指导学生联系个人经验、技术技能要点而进行创造性与突破性练习。

(四)技术教学

在科学技术技能教学过程中传播健康信息,培养学生的健康意识,并将人文关怀充分体现出来。

(五)单元教学

教师根据单元教学目标组织单元教学,一个单元由若干课时组成,合理安排每个单元的课时,注意各单元课时之间的紧密衔接以及单元之间的连贯衔接。

(六)结束单元教学

对本单元教学过程、教学结果进行总结,提出教学中存在的普遍性问题,提出解决策略,并对学生的学习效果进行评价,给出指导建议,为学生进行后面的学习提供参考。

五、多领域目标下体育教学模式中的教学手段

体育教学目标具有层次性,包含多个领域的目标,如身体健康目标、心理健康目标、运动参与目标、运动技能目标、社会适应目标等。实现任何一个领域的目标都需要采用多种方法或手段,如果只采用单一的方法或手段则很难使教学目标顺利实现。在多种教学方法与手段中,其中有一种是主要方法,而其他是补充方法。所以说在体育教学模式的运行中

会出现多种教学方法和手段,在多元教育融合视域下大体可以分为以下几种手段。

（一）健康手段

在以实现身心健康目标、社会适应目标为主的体育教学中,主要采用健康教育教学手段。在教学中将健康的内涵、标准等重要信息传达给学生,使学生清楚健康的真正含义和包含的内容,激发与调动学生为促进自身身心健康而主动参与运动和学习运动技能的积极性。

健康包含道德健康,向学生明确何为道德健康以及如何实现道德健康,不仅能实现健康目标,同时也能实现社会适应领域的教学目标。

（二）科学与技术、技能手段

在以实现身体健康目标、运动技能目标为主的体育教学中,通常以"科学与技术、技能教育"作为主导教学手段。在体育教学过程中采用这一主导手段,使学生对运动专项知识、专项技能有所掌握,并在运动参与中将所学专项知识与技能作为参与的"资本",而形成运动专长的学生在运动参与中表现得更加积极主动。当学生能够自主参与体育运动,运用所学科学知识、技术技能进行健康监测,并从自己的已有经验和知识结构出发而对健康促进的运动手段进行选择时,身心健康的目标自然就能够顺利实现。

能够在运动参与中运用运动知识、运动技能而实现身心健康目标的学生往往能够引来同学的关注,会有同学主动向其请教、与其交流,学生分享自己的经验和心得,有助于增进同学关系,这对实现社会适应领域的目标很有帮助。

（三）人文手段

在以实现运动教育目标和社会适应目标为主的体育教学中,往往采用以人文教育为主的教学手段。采用人文教育这一主导教学手段能够促进学生文化素养、内在精神的提升。实施人文教育,能够对学生的运动参与意识和积极性进行培养,拥有高度参与意识的学生能够主动参与运动技能的学习,参与动机的增强使其不断追求以良好的运动参与效果来满足自己的求好心理。学生主动参与运动技能学习,将运动锻炼作为课余生活的一部分时,就很容易实现身体健康目标。

通过主动参与运动锻炼而实现身体健康、运动技能提升等目标的学生,其能够从运动参与中体验成就感,增强自信,从而逐渐实现心理健康目标,促进身心协调发展。

此外,采用人文教育手段能够促进学生人际关系和谐,使学生在运动参与中主动帮助同学,并在集体性运动项目中与同学团结协作,相互配合,相互帮助,进而实现社会适应领域的体育教学目标。

第二节　高校常用体育教学模式

一、拓展教育教学模式

(一)拓展教育教学模式概述

1.拓展教育教学模式的概念

拓展教育教学模式是一种以学生为中心,采用一系列有计划、有目的的体育活动来增强学生的自我发展和社会交往能力的教学方法。拓展教育的核心是学生,目的是让学生获得自我发展并且培养学生的社会交往能力。其中,自我发展指的是,学生要在体育活动中逐渐完成自我意识的建立,包括认识自己、看待自己、接纳自己等。社会交往指的是学生会在体育活动中面对许多和他人交往的机会,让学生在这些交往机会中明白自己处于怎样的位置,处于不同的位置时应该怎样处理事情,比如应该如何与别人沟通、如何与别人合作、如何领导别人与接受别人的领导等。

2.拓展教育教学模式的教学目标

(1)提升学生的体育技能

体育教学模式最根本的目的还是要完成对学生的体育教育,拓展教育教学模式最根本的目标也是要求学生对身体活动有所认识和了解,然后完成对不同的体育技能的学习。

(2)培养学生进行个人活动或者社会活动的责任感

培养学生的责任感其实就是让学生知道自己应该做什么事,并且自觉承担做这件事的责任。学生在进行体育活动时的行为难免会对自己和他人产生一定的影响,拓展教育教学就是要求学生在做事之前学会思考自己的行为可能会产生的结果,慎重地去做每一件事,学会对自己和他人负责。

(3)培养学生人际交往的能力

拓展教育教学模式的一个重要教学目标就是要培养学生的人际交往的能力。人作为社会动物,社会交往能力是衡量个人对社会的适应程度的重要指标。拓展教育教学模式会以团队合作等方式让学生在团队中扮演不同的角色,让学生充分体会到交流、合作、领导等能力的重要性,进而让他们的这些能力得到锻炼。

(4)培养学生做出决策和解决问题的能力

体育活动中难免会遇到问题,拓展教育教学模式下的教师不会直接解决出现的问题,但是会为学生提供解决问题的方法供他们操作,学生通过轮流担任不同的团队角色、共同决策等方式锻炼自己做出决策和解决问题的能力。

(5)培养学生的挑战精神和创造力

拓展教育教学模式的一个重点就是"拓展",老师要主动为学生创造一个充满挑战精神的氛围,鼓励学生尝试新鲜事物和进行冒险,培养学生的挑战精神和创造力。

(6)理解和尊重差异

学生在进行团队合作的过程中会发现大家的种族、性别、性格、能力等因素都不尽相同,教师要引导他们认识到这种差异是正常的,让他们理解这些差异,并且尊重不同。

(二)拓展教育教学模式的主要特征

1. 教学顺序

(1)团队建立流程

拓展教育教学模式非常注重建立教学团队的流程,认为只有通过合理的流程建立一个成熟的团队,才能达到理想的教学目标。该教学理论认为一个成熟团队的建立会经历以下几个流程。

形成阶段——团队成员相互介绍,形成对彼此的初步认识和了解。

冲突阶段——团队成员之间加深认识,开始进行磨合,彼此之间的差异容易导致矛盾和冲突的出现。

团体行为规范阶段——团队经过磨合阶段，大家开始互相接受，逐渐成为一个真正的整体，大家的行为也逐渐达到一个团体的要求。

有机合作阶段——团队成员之间已经开始产生配合的默契，能够根据每个成员的特点合理分配工作，成员之间的默契会让团体的工作效率处在一个比较高的状态。

结束阶段——团队活动结束，成员一方面会对团队成员产生不舍的情绪，一方面会对自己在团队中的不合理行为进行反思和悔过。

（2）教学顺序

教学顺序是体育教师根据教学团队的发展规律设置的教学活动，主要可以分为以下几个顺序。

建立交流。重点在于建立起小组成员之间的有效沟通。一方面要培养学生主动倾听别人意见和建议的积极性，一方面也要鼓励学生主动表达，培养自己的表达能力。

建立合作。重点在于建立起小组成员之间的相互合作和相互扶持。一方面是要引导学生认识差异、尊重差异，悦纳他人。另一方面也要鼓励学生主动融入团体，培养学生参与团体合作的积极性。

建立信任。重点在于建立小组成员对彼此的身体和心理上的信任。信任是一个团队存在的根本，教师要不断向大家灌输信任的重要性，开展一些冒险和挑战活动，让学生在活动中建立信任。还可以利用一些成员犯错误的机会，让学生在犯错和谅解的过程中体会信任。

解决问题。重点在于培养学生解决问题的能力。引导学生进行团队合作，让每个成员认识到自己在团队中的位置，比如领导者就要发挥领导能力，其他成员就要发挥自己的长处认领任务。决策要充分考虑大家的意见，共同决策。还要让大家在团队中轮流担任不同的角色，培养学生的不同能力。

2. 体验学习圈

拓展教育教学模式更加注重的是学生在教育活动实践中培养了哪些能力，而这些能力的培养是对实践活动经验进行总结、提炼的结果，这个总结、提炼的过程就是所谓的体验学习圈。体验学习圈在拓展教育教学模式中的应用非常广泛，其具体内涵如下所示。

（1）在实践活动中完成对经验的积累。

（2）对实践活动进行观察和反思，认识实践活动的本质。

（3）对实践活动中积累的经验进行总结和概括，并且思考这项能力在团队中起到什么作用。

（4）将培养的能力运用到新的实践活动中去。

3. 以机遇来挑战学生

以机遇来挑战学生，是指学生可以在一些特定的活动中，根据自己的意愿选择自己的学习内容，给了学生一定的选择空间，有利于激发学生的学习兴趣。但是这种理论给学生的"自由"并不是完全的，学生要保证自己会参与活动，不能脱离活动。这种理念之下的教学方式需要学生明确自己参加活动的时间、参加活动的方式，并且保证自己会听从团队的决策、对团队有贡献。

4. 全方位价值合同

全方位价值合同是学生们在团队活动中达成的一份合约，这位合约要求无论是小组开展活动还是成员在小组中的行为都要按照合约上的规定进行。订立全方位价值合同不仅能够规范团队活动，还能够增强小组向心力。

（三）拓展教育教学模式的教学技巧

1. 根据团队合作的状况确定教学进程

团队合作的进程是影响教学进程的重要因素。每个团队的磨合程度和团队合作能力不尽相同，单纯依靠课程安排推进课程的进程会导致有些团队的学生错失一些课程内容，教学的效果会大打折扣。因此，要根据团队合作的进程确定课程进程，保证每个学生都能够完整地接受教学。为了防止有些团队的进程过慢，教师可以给予适当的提醒和帮助。

2. 以引导代替直接灌输

拓展教育教学模式注重培养学生以团队合作的方式解决问题的能力，教师的职责是为学生提供问题，然后引导他们解决问题。重点是学生要亲身参与到教学活动中，形成对实践活动的清晰认识，积累解决问题的经验。教师不能直接向学生提供解决问题的办法,要鼓励学生积极探索、有效合作。

3. 预备超额的课外活动

教师应该对教学活动过程中可能出现的一些意外进行预估,防止出现面对意外时措手不及的情况。比如有的团队可能会因为完成任务的速度过快而出现无任务可做的情况,有的团队因为一些原因无法参与某种活动,这时就需要教师提前预想到这种情况,设置超额的课外活动来保证课程进展的流畅度。教师在设置课外活动时要注意考虑与教学进程匹配,确定每个教学阶段都有备选活动。

4. 设置专门的交流反馈的环节

拓展教育教学模式最终的目的是要让学生将在活动中学习到的东西加以总结、提炼、内化,最终成为自身能力的一部分。如果学生只是参与了教学活动,但是没有及时对教学活动进行交流、反馈,学生很难完成知识的总结和内化。因此,教师要设置专门的、以学生为主的交流、反馈环节,完成对教学活动的升华。

二、运动教育教学模式

(一)运动教育教学模式的目标

(1)培养具有参与身体活动能力的运动员。

(2)培养理解和尊重规则、礼仪和运动传统的具有文化修养的运动员。

(3)培养信奉运动文化并以实际行动支持和维护这些文化的充满激情的运动员。

(二)运动教育教学模式的特征

运动教育教学模式的独特性主要表现在其教学结构上,其教学结构有以下六个基础特征。

1. 赛季

运动教育教学模式的教学结构以"赛季"为单位,按照赛季的管理模式安排课程的进程,赛季可以分成训练赛季和比赛赛季两个阶段。训练赛季就是老师将学生分成不同队伍,并根据每个学生的特点安排学生在队伍中的位置,然后进行统一教学和训练。比赛赛季时,老师充当总教练的角色,将训练任务下发给每个队伍中负责训练的同学,同学们进行的训练以自己团队的集体训练为主。同时,老师还会组织各个团队之间在比赛季开展比赛。

2. 球队归属

球队归属是指教师在开展教学活动时会要求同学以团队为单位进行划分,并且每个团队要有自己的特色,可以通过名字、口号、场地等方式确定团队的身份。教师还可以根据每个团队完成教学任务的情况、团队成员的行为等对团队评分,让学生意识团队合作一荣俱荣、一损俱损的本质,增强学生的团队荣誉感和归属感。

3. 正式比赛

一方面,正式比赛是对教学成果的一种检验,不仅能在正式比赛中看到每个学生的个人体育技能,还能看到他们的团队合作能力。另一方面,正式比赛作为整个教学活动最终成果的展示,还能促使学生将其作为目标,督促学生努力学习体育技能。

4. 记录

记录也是运动教育教学模式教学结构中重要的一环,教师要对学生平时的出勤状况、练习状况、比赛状况等情况进行及时的记录。记录下来的信息既可以作为学生课程完成状况的评价指标,也可以作为教师制定下一阶段的教学任务和教学目标的参考依据。

5. 趣味性的庆祝活动

比赛季的结束意味着课程的结束,也意味着学生体育技能的一次提高,运动教育教学模式的一个重要特点就是课程结束后的教育活动也是教学结构中的一环。各个团队可以仿照真实的体育竞赛后的庆祝活动进行庆祝,比如在脸部彩绘,举办庆功仪式等。充满趣味性的庆祝活动会提高学生对这种教学模式的好感,提高学生选择这种教学模式的积极性。

（三）运动教育教学模式的教学技巧

1. 从教学强项入手

运动教育教学模式是一种比较新颖的体育教学模式，目前人们仍在对其进行尝试。想要运用这种教学模式取得理想的教学成果，首先要选择自己比较擅长的运动项目进行教学，用对体育项目的了解弥补对这种教学模式的经验的缺乏。

2. 循序渐进的方式进行教学

对一种教学模式的应用不可一蹴而就，要先选择其中自己最有把握的因素进行尝试，然后再慢慢尝试难度比较大的因素，尽量避免因为不能驾驭教学模式而带来的教学失误。

3. 注重学生团队之间能力的平衡

运动教育教学模式的教学过程注重团队合作和竞争，而进行竞争的前提是公平，也就是要求各个学生团队之间的实力要相对均衡。教师在进行团队划分时要综合考虑每个成员的特长和能力水平，尽量降低团队之间能力的差距。

4. 公告栏的应用

公告栏是运动教育教学模式中的一个重要工具，有效地利用公告栏对于提高教学效果有很大的帮助。教师要在每次课程结束的时候认真地将学生的出勤情况、练习情况、比赛分数等记录下来，让学生了解自己和他人的情况，从而获得更强的学习动力，改善自己的学习行为。

三、个人和社会责任教学模式

（一）个人和社会责任教学模式的概述

1. 责任感的五个层次

个人和社会责任教学模式注重对人的健康人格的培养，通过体育活动使学生意识到自己的活动需要对自己和他人负责，并且能将这种意识应用到日常的社会生活中。因此,这种教学模式之下的教学目标要围绕培养不同层次的责任感展开,这几个层次包括:尊重他人的权利和感受、自我激励、自我指导、关怀、将责任感运用到日常生活中。

2. 教学结构

(1)交流时间

个人和社会责任教学模式的第一个教学程序就是为教师和学生创造交流的时间,这种交流是非正式的、一对一的,教师可以自己创造机会去和学生进行交流,比如利用上课前后的时间。这种良好的交流能够拉近老师和学生之间的距离,对于达成理想的教学效果有很大的帮助。

(2)教学前言

教学前言是在课堂正式开始之前教师对本节课程做出的一个简单的介绍,内容包括课程的计划、教学的目标等。需要注意的是,一般教学目标会根据培养责任感的进程确定。

(3)体育活动

体育活动是正式的课堂活动,培养个人和社会责任的教学模式下,学生对于体育活动的选择和开展拥有充分的选择权和支配权,但是这同时也意味着他们要承担相应的责任和义务。学生们在课堂上技能学习到体育技能,又同时培养了自己的责任意识。

(4)小组会议

小组会议是教学结构的最后一个环节,学生可以在小组会议上提出对课程的意见以及自己在课程中的所思所得,然后进入对课程的总结和反思。教师可以以某个层次的责任感为标准,要求学生对他们的课堂表现进行反思,还可以引导学生表达自己反思的结果,并且对结果进行评价。

(二)个人和社会责任教学模式的特征

个人和社会责任的教学模式具有很强的灵活性,因此在一些教学实践中,虽然体育教师实施了这一种教学模式,但是由于对这种模式定性有一定困难,这些实践者还是需要花费很多精力来证明自己使用的是此种教学模式。针对这个问题,Wright 和 Craig 制定了一套直接观测工具,这个观测工具中包含了 9 中观测的策略,虽然并没有完整包含所有的教学情形,但是具有很强的实用性。这九种观察策略如下所示。

（1）塑造尊重——教师与学生和他人的交往中塑造令人尊重的行为。

（2）设置期望——教师组织课堂的各个方面，向学生明确传达指示和行为期望。

（3）提供成功的机会——教师为学生提供的机会不能因为个体的差异而导致有的学生被排除在外或无法成功参与。

（4）促进社会交往——教师创造情景，让学生彼此交往，不直接受教师的控制。

（5）分配管理任务——教师要求学生通过承担具体的任务来参与管理和组织课堂。

（6）提高领导能力——教师通过给予学生机会指导或领导其他同学来与学生分享教学责任。

（7）给予选择和发言权——教师给予学生们机会发表自己的意见，提供建议，做出决定。

（8）学生参与评估——教师让学生进行自我评价或是同伴之间的互评。

（9）生活技能的迁移——教师教授学生生活技能，教导他们如何在课外使用。

（三）个人和社会责任教学模式的教学技巧

个人和社会责任教学模式的教学技巧围绕五个层次责任感展开，处于不同的教学阶段需要使用不同的教学技巧。

1. 培养第一水平的责任感需要用到的教学技巧

第一水平的责任感要求学生学会尊重别人。这个教学阶段是学生对责任感有初步的认识和理解的阶段，要求教师选择合适的时机，用非常直白易懂的方式向学生点明"尊重"这个主题，向学生介绍的定义必须要十分清晰明了，还要符合他们的理解能力。在培养责任感的初期，教师的言传身教也是一件对学生的影响非常大的事情，老师要规范自己的行为，做出负责任的表率，为学生树立学习的榜样。

2. 培养第二水平的责任感需要用到的教学技巧

第二水平的责任感要求学生能够自我激励。教学阶段二需要老师开展一些教学实践,让学生在实践中培养自我激励的能力。老师在开展教学活动时需要注意三点,一是要使教学活动既符合学生的能力水平又能对他们有一定的挑战性,挑战和成功之间的平衡性能更好地促进学生进行自我激励;二是教学活动开展之前教师要点明教学目标和任务指示,为评价学生完成任务的水平提供一个公平、明确的依据;三是教师在教学活动中要更注重学生的可控因素,如个人的努力、意志力等,鼓励他们发展可控因素完成任务。教师要保证所有学生都能根据自己的长处选择适合自己的任务,创造一个积极进取的学习环境,让学生在活动中感受责任感的重要性。

3. 培养第三水平的责任感需要的教学技巧

培养第三水平的责任感最重要的是要培养学生自我指导和自我管理的能力。教师在教学过程中需要做到两点,一是需要为学生提供练习的时间,让学生在自主练习的过程中培养这些能力;二是要让给予学生一定的选择权,比如引导他们制定目标,让他们意识到目标是他们自主确定的,他们要对自己确定的目标负责。

4. 培养第四水平的责任感需要的教学技巧

培养第四水平的责任感最重要的是要培养学生的关怀能力。教师可以在这一教学阶段采用同伴教学法,就是让学生之间生生互助,合作学习,学生比较容易在这个过程中学会关怀他人,而且这种方法更能激发年长者的关怀情感,还能培养年长者的领导能力。教师还可以在教学的过程中向学生明确关怀他人的重要性,及时对学生做出的关怀他人的行为进行鼓励,引导学生逐渐培养关怀他人的能力。

5. 培养第五水平的责任感需要的教学技巧

培养第五水平的责任感的重点在于学生能将自己的教学过程中学习到的个人和社会责任行为运用到实际的社会生活中去。教师可以通过案例分析的方式,让学生口头或者书面分析自己应该怎样在生活实践中表现责任感,还可以设置一些志愿活动让学生在真实的生活中锻炼自己的责任能力。教师还要在活动结束时引导学生对自己的行为进行总结反思,以改善学生的行为,巩固学生所学的内容。

第三节　现代教育技术与高校体育教学模式的融合

现代教育技术与高校体育教学模式的融合很有必要,其中原因之一在于高校体育教学模式现状不容乐观,影响了体育教学质量,而现代教育技术在体育教学中的渗透促进了体育教学模式的积极性转变和现状的改善,对优化教学过程和提升教学效果很有效。下面首先分析我国高校体育教学模式的现状,主要是说明体育教学模式的一些主要问题,然后指出现代教育技术对体育教学模式的积极影响和重要作用,最后探讨二者的融合策略。

一、我国高校体育教学模式的现状

(一)理解方面存在模糊性

在体育教学模式的研究中发现很多人对体育教学模式缺乏正确而恰当的理解,有人认为体育教学模式和教学方法是一个意思,将两个相对独立的教学要素混淆而论,而且对体育教学模式的实施对象、主要内容、实施方法以及实施效果等缺乏明确的关系限定,导致无法从整体上准确理解和把握体育教学模式。

体育教学模式和体育教学方法实则不同,体育教学模式是由若干教学要素组合而成的独立而稳定的教学结构,包括指导思想、教学目标、操作程序、实现条件、教学评价等,其中实现条件指的是体育教学策略、方法和手段。可见,体育教学方法包含于教学模式中,是教学模式中非常活跃的一个组成要素,体育教学方法的设计与运用直接由教学模式的思想所制约,教学模式的实施又必须通过采用恰当的教学方法才能实现。

(二)开发方面缺乏系统性

从现有的体育教学研究成果来看,关于具体教学模式构建与改造的研究有很多，体育教育工作者在长期的教学实践中对大量有特点、有个性、有影响力的教学模式进行了研究，虽然经过长期的研究和实践检验而创造了大量成熟的教学模式，但总体上对体育教学模式还缺乏系统的、整体的研究，并且在研究过程中存在研究过于抽象、缺乏合理简化处理以及实验设计精确性不足等问题。

（三）应用方面缺乏创造性

科学的体育教学模式为体育课堂教学提供了相对稳定的组织结构和简略的实施框架，为有机组合教学要素提供了参考。但体育教学是动态变化的，是生动形象的，是充满不确定性的，兼科学性、艺术性、创造性于一体的体育教学活动不能只是原封不动地照搬固有模式去实施，而应该在基本按照教学模式去实施教学活动的同时根据实际教学情况进行相应的调适，以适应教学现状，满足教学需要。

从我国高校体育教学实践来看，教学中采用了大量的国外教学模式，虽然促进了教学理念的更新、教学内容的丰富以及教学水平的提高，但有时忽略我国高校体育教学现状而盲目引进外来模式，或直接照搬外来模式而不作任何调整与创新，导致因与我国高校教学现状不符而无法顺利操作，也难以普及推广，从而制约了教学效果。

二、高校体育教学模式的创新

（一）高校体育教学模式创新的理念

行动的转变只是浅层的、表面的现象，想要真正对体育教学模式进行创新和发展，最重要的还是要彻底转变人们的教学理念。信息化时代背景之下，我们应该在体育教学中具备与信息化教学模式相匹配的创新理念。

1. 遵循课程信息多元化原则

传统的体育教学模式之下，学生了解和进行一项体育活动主要是以课堂为载体。但是在信息技术的支持下，人们可以在网络上建立体育信息资源库，让学生通过网络加深常规体育活动的了解，拓展对非常规的体育活动，如马术、攀岩、蹦极等运动的了解。更加丰富的体育信息资源能让学生充分感受体育活动的多样性，激发学生进行体育学习的积极性。

对于教师来说，传统教学模式下，教师们编排动作只能在线下借助有限的书籍和经验进行，但是体育资源库能够为教师提供更加丰富的素材，激发教师创编动作的灵感。另外，信息技术还能模拟体育动作，对动作进行分解、组合和修改，让教师更加直观地观察、分析各个动作的特点，提高教师的工作效率。

2.运用信息化技术设计教学环节

传统的体育教学模式中，教师进行一个新动作的教学，往往需要亲自示范，让学生观察、了解动作。但是这种教学方式中存在很多问题，比如，受到教师的年龄和身体等因素的影响，可能会存在教师做出来的动作不标准、每次做的动作有出入的现象。还有些动作，如腾空、翻转等，动作本身的特殊性让老师无法进行动作慢放，学生可能无法通过老师的示范充分领悟动作要点。一般动作示范是在授课过程中进行，并且受到教师体力等因素的影响，示范的次数有限，而学生的理解能力有差距，可能会导致有些学生无法跟上老师的课程进度。

和传统的教学模式之下的这些缺点对比，利用信息化技术进行课程设计的优势就体现出来了。比如可以通过网络技术把动作要领和教学理论结合起来，制作成视频或者FLASH动画，不仅能够保证动作的标准性、一致性、细致性，还能供学生在课下反复观看，弥补学生在理解能力上的差异。

以三步上篮为例，我们可以进一步了解利用信息技术进行课程设计的优势具体如下。

传统教学方法中，教师首先会向学生介绍三步上篮的教学理论，其中包括动作要领、动作重点、动作难点等。在具体的教学中，教师需要将动作进行分解然后逐步教授给学生，学生需要集中注意力紧跟老师的动作示范。但是这个过程中教师很难根据每个学生的需求对动作进行定格慢放，能够重复示范的次数也是有限的。教师的讲解和示范之后是学生的练习时间，教师只能对学生的动作进行逐一的纠正，而学生因为没有评判依据而无法进行自我纠正。逐一纠正动作是一个效率低下的过程，将会占用大量的课程时间。课后学生需要进行动作练习，但是因为距离上课已经有一段时间，学生可能已经遗忘动作，无法进行有效的练习。信息化技术进入体育课堂之后，教师可以将运动动作制作成动画，利用动画进行动作讲解示范，同时还可以将易错动作录入动画中，给学生们以提醒,使动作纠错事半功倍。教师还可以将动画视频发送给学生,供学生在课后的练习中使用。信息化技术使学生能够在直观生动的过程中学习体育课程,不仅能提高体育教学的效率,还能够激发他们对体育课程的兴趣和热情。

（二）高校体育教学模式创新的对策

1. 转变体育教师的教学观念

转变教学模式最根本的任务就是转变教师对传统的体育教学模式的执念,使他们认识到信息技术的优势并且主动引进信息技术进课堂。目前,还有一些体育教师认为体育课程不需要进行改革,他们拘泥于传统的教师示范、学生模仿的教育模式,满足于这样的教学效果。造成这种现象的原因,一方面是部分学校的信息技术设备仍处于比较缺乏的状态,学校无法支持教师进行体育课程创新。另一方面是教师的思维固化,对新鲜事物的接受程度不高。想要改变这种状况,使信息技术尽快进入体育课程,必须要加大对学校新型设备的投入,同时采用将信息技术纳入绩效考核等方法引导教师转变传统思想。

2. 体育教师加强对信息化技术的学习

体育教师对信息化技术的掌握水平会对教学的效果产生很大的影响,而现在的体育教学仍旧面临着一些上了年纪的教师对现代信息技术掌握有限,无法熟练使用信息技术进行授课的问题。

提高教师的信息化技术水平,需要学校和教师双方的共同努力。学校要为体育教师提供各种信息化教学资源,教师则要树立主动学习的意识,平时多找相关的课程进行学习,多多阅读相关的知识,增强自己的信息化技术水平和教学能力,做新时代的新体育教师。

3. 开展以体育课程为主的信息技术教学软件

体育课课程由理论课和技术课两部分组成,关于理论课的学习,现在的超星、雨课堂、课堂派等软件就可以满足。但是体育课的重点在于进行体育实践活动,对于学生的课堂表现进行评价简单地依靠纸质考试和考勤是不科学的,还要看学生对体育动作的完成状况。

想要进一步将信息技术与体育教学结合落到实处,还要针对不同体育课程的动作重点开发相应的体育教学软件。以球类体育课程为例,这一类课程需要考查学生动作的规范性和完整性等,教学软件的设计就可以设置投篮要求、障碍跑等技术要求,考查学生动作是否标准和动作的完成度。根据不同的体育学科的特点设计具有针对性的教学软件是信息技术结合体育教学的一大进步,也将成为未来的一大趋势。

4.合理使用信息技术,让信息技术为体育教学服务

信息技术与体育教学结合的过程中,教师们需要摆清信息技术和体育教学的地位,认识到信息技术是体育教学的手段和工具,为体育教学所用,而体育教学才是最终的目的,不能出现本末倒置的认识。教学实践中,教师也要引导学生将重点放在了解和掌握体育知识理论,完成体育动作上,避免学生在熟练使用信息技术软件上浪费太多时间。

三、现代教育技术对高校体育教学模式的影响

鉴于我国高校体育教学模式的现状与问题,应进一步加大科研力度,从我国高校体育教学现状出发而对适应我国高等教育特征与规律的教学模式进行创造性的研究,并在信息化背景下将现代教育技术融入高校教学模式的建构与操作中,这将产生如下积极影响。

(一)改变教师的刻板印象

一些体育教师简单地认为,体育教学就是教师带领学生反复进行身体练习的过程,体育教学的场所应该是在室外,体育教学应该以实践为主,体现与其他学科的不同,突出体育教学本身的实践性。这其实是体育教师对体育教学的刻板印象,也反映了部分体育教师观念比较传统、落后。在传统观念下,体育教师在体育课上只是不断讲解技术动作,示范动作,带领学生反复练习,而关于理论方面的内容,则很少提及。学生通过反复练习虽然熟练掌握了某个运动项目的技术动作,但对该项目最基本的理论常识都不清楚,显得有些"四肢发达、头脑简单",知其然而不知其所以然。

现代教育技术在体育教学中的运用有助于改变体育教师对体育教学的刻板印象和传统观念,使教师逐步重视传授体育理论知识,做到理论与实践并重,全面提升学生的体育素养。体育教师改变重实践轻理论

的做法,将理论知识的传授融入实践教学中,能够使学生深刻认识体育课的重要性,能够培养学生的终身体育意识、参与运动的积极性,这对提高体育教学效果具有重要意义。

（二）丰富教学内容

传统体育教学模式下,体育教学内容比较单一,体育教学方法也比较单调,多为练习法、竞赛法等。在体育教学中引进现代教育技术,使教学工具更加先进,教学内容丰富有趣,教学方式多样灵活,有效提高了体育课堂教学的趣味性和教学效果。

例如,借助互联网技术而筛选一些与教学内容相关的图片、视频、音频等教学资料,使学生通过听、看而对所学内容有更全面的了解,促进学生学习兴趣的提升。现代教育技术与传统教学模式是互补的,现代教育技术对传统教学模式缺陷的弥补主要表现在促进了教学内容的丰富、教学形式的灵活、学生学习兴趣的提升,这些最终对教学效果的改善具有重要作用。

利用现代教育技术可以将健康知识、运动卫生知识、运动保健知识等体育教学内容相关知识整合起来,或进行穿插教学,或进行专题教学,从而促进教学内容的丰富和拓展,促进学生健康观念和自我保健意识的提升。

（三）改变课堂角色

现代教育技术在体育教学模式中的融入改变了体育教师与学生的传统角色,使体育教师从教学内容的传递者转变为教学内容的设置者和教学活动的引导者,使学生从被动接受者转变为主动学习者,强调学生的主体地位和教师的引导作用,师生传统课堂角色的转变是体育素质教育和体育信息化教学的要求。

四、现代教育技术与高校体育教学模式融合的策略

（一）利用校园网络为体育教学服务

随着计算机技术的发展和高校教育的不断改革,各大高校的计算机网络中心逐渐建立和完善,计算机基础课程基本全面开设,有的高校还设置了多媒体技术、网络教学等有关现代教育技术的选修课程,从技术层面保障大学生顺利进行计算机学习和实践操作。高校不断完善的多媒体教室、网络机房等信息化硬件环境为现代教育技术在教育教学中的运用提供了良好的操作平台和环境氛围。利用高校丰富的计算机网络资源能够为信息化体育教学的开展提供支持与保障。

例如,利用高校校园网络资源和计算机硬件设施进行体育网站、论坛的建立,在校园网中增加体育板块,将体育热点新闻、风云人物、学校体育信息和体育常识等内容及时发布,使学生快速了解体育信息,了解学校的体育事件。此外,在体育板块中可以设置留言功能,便于体育爱好者在此交流、互动,也便于收集意见或建议,为改善体育教学提供参考。

另外,现阶段各大高校纷纷实行网上选课模式,学生利用校园网选择自己感兴趣的运动项目,这方便教师了解学生的体育兴趣和爱好,也便于学校开设能够满足学生兴趣爱好的体育课程。

(二)将现代教育技术运用到体育理论教学中

当代大学生学习体育课程,不仅要学习和掌握运动技能,还应该对体育知识、体育文化加以学习,树立体育精神,形成终身体育意识,这是高校体育教育的基本目标。随着体育地位的提升和我国体育事业的不断发展,体育成为我国综合国力的重要组成部分,在体育强国建设中,我国号召人民群众主动认识和了解体育,积极参与体育。在这一社会背景下,高校应重视体育理论教学,提升大学生的体育理论素养。

传统体育教学模式存在轻理论重实践的弊端,教师讲解的理论知识主要集中在运动项目概况、项目规则等方面,讲解方式简单枯燥,限制了学生对体育理论的深入理解,也阻碍了学生用正确的理论去指导实践。对此,应在体育理论教学中充分运用现代教育技术,利用网络的优势和功能对体育理论方面的知识和信息进行收集,并配以图像、动画、视频等方式传授体育知识,刺激学生的感官,激发学生的兴趣。

利用现代教育技术进行体育理论教学时,要注意在播放音频或视频、展示图片等信息化教学资源的基础上组织学生现场互动、讨论,设置问题,启发学生思考,使学生更好地理解现代教学手段中传播的理论知识,更好地接收与消化体育知识与信息。体育教师如果只是单纯播放音、视频,展示图片,简单讲解,而不组织学生讨论,那么学生接收的信息在大脑中保存的时间比较短,容易遗忘。

（三）将现代教育技术运用到体育实践教学中

体育实践教学以体能、技能教学为主，尤其是以运动技术教学为主，体育教学目标的达成情况和体育教学的最终效果很大程度上是由技术技能教学结果所决定的。传统体育实践教学中，经验式教学占的比重很大，主要模式是教师教、学生学，教师示范每个动作，学生观察，然后机械性地模仿，而对于每个技术动作为何这么做，如何提高标准度则缺乏基本的思考，导致学生错误地认为上体育课就是纯粹的身体活动，不需要脑力付出。而将现代教育技术运用到体育实践教学中，利用计算机语言编程、图像处理等技术和功能来动态化地呈现完整的技术动作，并辅以声音讲解、文字解说，图、声、文并茂，以提高教学效果。

在体育实践教学中使用现代教育技术，能够将整个动作过程直观生动地展现出来，在播放到重难点动作环节时可暂停，着重进行分析，使学生对重难点技术动作有深刻的理解和充分的把握。利用现代教育技术进行教学也能打破沉闷的课堂气氛，营造愉悦欢快的教学氛围。

（四）制作体育教学课件

利用现代教育技术进行体育教学课件的制作，这对体育教师的教学功底、信息化素养是很大的考验，如果能够设计出高质量的多媒体教学课件，将会很好地突破传统教学模式的束缚，将新课件的功能充分发挥出来。

体育教师利用现代教育技术进行体育教学课件制作时，要基于对体育教学目的、教学需要和学生的需求的综合考虑而选择合适的教学素材，合理编辑文字、图片、录像等资源，注重对版式、背景的合理设计。计算机教学课件涉及的知识和内容与传统教学课件相比更加丰富、全面，但也相对复杂一些，对学生的教育更全面一些。

在体育教学课件制作中运用多媒体手段，能够使学生对课堂教学内容产生兴趣和好奇心，产生探索的热情和积极性，从而主动投入学习，配合教师，教学效果甚好。

（五）加强体育师资建设

在现代教育技术下进行体育教学，虽然现代教育技术发挥了举足轻重的作用，学生的主体能力和主观能动性也得到了很大程度的发挥，但体育教师的主导作用依然很重要,不能忽视。在现代教育技术与体育教学模式的融合中,要加强对体育教师专业素养的培养,特别是要培养体育教师的信息化素养,并以培养信息化教学能力为主。除了培养体育教师对现代教育技术的认知能力、操作能力外,还要利用现代教育技术转变体育教师的传统教学理念,结合时代背景和体育教学的信息化发展趋势对体育教师进行再教育,使体育教师适应高校体育教学的改革发展现状,满足高等教育的发展需求,不断提升和完善自己,实现更好的专业化发展。

第四节　信息化体育教学模式的科学构建

一、信息化教学模式

(一)信息化教学模式的内涵

随着信息技术在教学中的深入应用,信息化教学模式逐渐被越来越多的专家、学者关注。学者们认为信息化教学模式是一种符合现代教学思想的新型教学模式。信息化教育的教学模式可描述为:以学习者为中心,学习者在教师创设的情境、协作与会话等学习环境中充分发挥自身的主动性和积极性,对当前所学的知识进行意义构建并用其所学解决实际问题。[1]

下面从三个方面来理解信息化教学模式的内涵。

1. 师生角色

学生是知识的主动建构者和运用者;教师是教学过程的指导者与组织者,意义建构的促进者和帮助者。

2. 教学信息

信息所携带的知识不再是教师传授的内容,而是学生主动建构意义的对象(客体)。

---

[1] 陈炜,黄芸.体育教学与模式创新[M].北京:光明日报出版社,2016.

3. 学习环境

学习环境包括下列要素：
（1）情境：有利于学生对所学内容的意义建构；
（2）协作：伴随学习过程的始终；
（3）会话：学习小组成员通过会话协商共同完成学习任务。

信息化的特征表现为数字化、多媒体化、网络化和智能化，凡是具备这些特征的教学模式都可以称为信息化教学模式。教学模式的信息化主要体现在教学环境、教学方法等方面。

（二）信息化教学模式的优势

与传统教学模式相比，信息化教学模式具有以下优势。

1. 信息源丰富，有利于创设理想的教学环境

现代教育技术手段能够为课堂教学提供便捷的教学环境，使信息来源丰富多彩，而不再只有教师、课本等单一的信息源。

应用多媒体手段不仅使知识的来源变得广泛，而且可以利用课件等比较直观的教学方式从视觉、听觉上调动学生的学习积极性，为学生提供良好的学习环境，使学生牢固掌握知识。学生通过多媒体学习工具，在获取知识的快捷性、灵活性上也得到了鲜明的改善。

2. 有利于提高学生的积极主动性

现代教育技术发展速度惊人，多媒体计算机技术引入教学中后，教师的作用、职责发生了很大变化，更多偏向于指导学生进行探索式学习，使学生掌握学习的主动权，引导学生积极思考，让学生处于启发式学习中，这有利于提高学生学习的主动性和积极性。

3. 实现协作式学习

运用计算机网络技术有利于培养学生的合作精神，开展能够培养学生高级认知能力的协作式学习。学生基于网络工具，在学习活动中通过相互协作、相互竞争或者扮演角色等而深入理解问题，快速掌握知识，并全面发展认知能力。

4.有利于培养学生的创新能力

利用多媒体技术的超文本特性与网络特性有助于培养学生对信息的获取、分析与加工能力。因特网是世界上最大的知识库和资源库,因特网上的知识和资源是通过人们对人脑思维研究之后经过精心整理、组织后上传的,为学生获取知识提供了便利,同时对培养学生的自主学习能力、知识创新能力大有益处。[①]

二、构建信息化体育教学模式的要求

对信息化体育教学模式的构建具有以下几方面的要求。

(一)转变教学观念

构建信息化教学模式,不仅要像传统教学那样将知识与技能传授给学生,还要注重向学生传授学习方法,树立"授人以渔"的教学思想,教师不仅扮演输出知识的角色,也扮演重要的引导者角色,引导学生自主学习和树立科学的学习观。同时教师扮演培养者的角色,培养学生的自主学习能力和创新能力。教师本身要树立创新教育观念,打破传统教学形式,善于从学生的实际情况出发而因材施教,加强个性化教育。

(二)更新教法

在信息化教学环境中,体育教师要发挥自身导学的作用,运用多媒体手段辅导学生学习,采用现代化手段有重点地讲授教学内容,改变传统教学模式中满堂灌的教学方法,利用现代教育技术创造更多元化、先进化的教学新方法,充分发挥各种教法和学法的作用。

(三)提高信息素养

在信息化体育教学模式的运行中,教师应认真研究网络资料,适当修改,并放回网络中,成为信息的提供者。同时,教师要引导和帮助学生合理筛选网络学习资源、获取有效学习资源。另外,教师要灵活使用各

---

① 李国泰.体育课程组织形式及其教学模式论[M].重庆:重庆大学出版社,2005.

种信息技术与同行、学生进行交流与协作。体育教师只有不断提升信息素养，才能适应信息化体育教学的发展趋势。

三、信息化体育教学模式构建的典型分析——"示范→讲解→练习→评价"模式

（一）传统教学模式——"示范→讲解→练习"的信息化

体育教学以技术技能教学为主要内容，体育实践课中的主要教学模式往往是适用于技能教学的教学模式。在体育实践教学中，常用的教学模式是"示范→讲解→练习"这一传统模式，这一模式的有效性已经在实践中得到了证明。它虽然是比较传统的体育教学模式，但在现代教育技术背景下依然常常被运用于体育技能教学中，依然是信息技术与体育课程整合之下的主要教学模式之一，其地位依然不可动摇，备受重视。

传统的"示范→讲解→练习"教学模式之所以在信息化体育教学中依然被"重用"，主要是因为该模式与运动技能形成规律、体育教学一般规律相符，与大学生的认知特征、身心发育特征相符，但在信息技术与体育课程融合的背景下继续使用这种教学模式，需要将它的操作环节信息化。

用传统的"示范→讲解→练习"教学模式进行运动技能教学时，教师将运动技能展示给学生的主要途径有亲身示范、媒体工具（视频、图片等）示范等，在这个过程中，学生用自己的感官接收信息，然后将信息输入第二信号系统进行加工，以促进运动表象的形成，学生在初步形成的运动表象的指挥下进行模仿练习。这时学生在模仿中产生的本体感觉并不是正确动作的本体感觉，而其对正确动作的本体感觉应该是什么样子却并不清楚。

学生进行模仿练习时，教师在旁边密切观察，不断指导、帮助，因为学生根据自己初步形成的表象对动作形成的理解比较片面，甚至有偏差、错误，所以教师要提供辅导、及时纠正。教师的指导与帮助主要体现在语言提示、反复示范、辅助练习等方面，通过及时有效的辅导，学生能够逐渐清楚正确动作的本体感觉应该是什么样的，然后在反复练习中将正确动作熟练掌握好，这是其才真正形成了关于运动技能的正确的本体感觉。如果没有教师的辅导，学生只能学到皮毛，对动作要领很难真正掌握。

上述分析表明,教师正确的示范是学生对动作要领予以掌握的关键,这对教师的技术水平和示范能力提出了很高的要求,一旦示范不够准确,又没有采取其他展示动作的手段,学生难以准确掌握动作要领。因此,运用多媒体技术展示动作的方法越来越受重视,教师的示范由多媒体手段替代,有助于促进信息技术与体育课程的进一步整合。通过多媒体技术展示动作有利于学生建立正确的动作表象,但这也只是学生掌握运动技能的基础,运动技能形成规律要求学生要对正确动作具有良好的本体感觉,良好的本体感觉是体育教师进行经验教学的基础,教师的经验就体现于此。

目前,计算机技术还无法完全取代教师,教师的教学功能中有一部分能够被计算机替代,但还有很多无法用语言准确描述的能力是不可替代的,比如教师的示范、指导能够使学生对正确动作形成良好的本体感觉,而运用计算机手段难以使学生自主构建本体感觉。这主要涉及以下两方面的问题。

第一,采集信息的问题。采集人的本体感觉主要有接触采集和无接触采集两大技术,前者在一些简单的动作中比较适用,但会对运动造成妨碍,而且有的技术是比较危险的,可能引起被采集者的生理问题。后者需要采用间接推算的方法来估计信息,缺乏准确性,而且不够实用。

第二,效应器的问题。这其实就是计算机处理结果用什么方式作用到人体的问题。

以上两个问题表明在信息技术与体育课程的融合中,通过信息技术的帮助使学生自主构建本体感觉有一定的难度,这也是在现代教育技术下进行体育教学必须解决的一个主要问题。

(二)信息化的"示范→讲解→练习→评价"教学模式

通过分析传统教学模式"示范→讲解→练习"的信息化,可以沿着这个思路对信息化的"示范→讲解→练习→评价"教学模式进行构建与设计,该信息化教学模式同样是体育运动技能教学的主要模式。新模式的结构模型如图 6-3 所示。

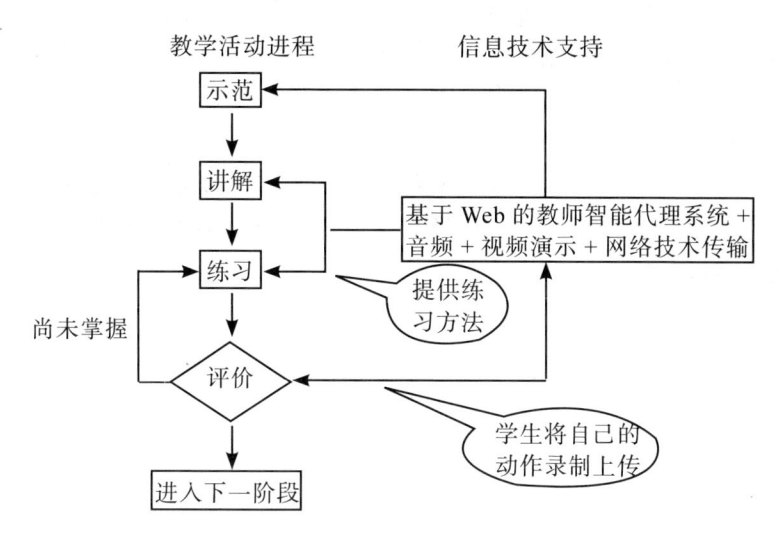

```
教学活动进程          信息技术支持
   ┌─示范──────────┐
   │  ↓            │
   │ 讲解          │
   │  ↓            │  基于 Web 的教师智能代理系统 +
   │ 练习 ←────────  音频 + 视频演示 + 网络技术传输
   │  ↓         （提供练习方法）
尚未掌握 评价 ←──── 学生将自己的动作录制上传
      ↓
   进入下一阶段
```

图 6-3　示范→讲解→练习→评价模式的结构模型

将信息化教学新模式运用到体育教学中,主要有以下两种情况。

1. 学生在教师的辅导下学习(有教师)

有教师的情况下,教师的主要作用是在学生学习时提供帮助和辅导。例如,及时指出学生的错误,帮助纠正,对学生的练习方式、进度进行调整等。有教师的辅导和帮助,学生能够顺利掌握技术动作。

和传统教学模式相比,新的教学模式下教师省去了讲解、示范的环节和时间,而在帮助和辅导上付出更多,学生可以根据自己的情况来安排练习节奏,而不完全由教师控制。

2. 学生自学(没有教师)

基于 Web 构建教师智能代理系统,了解学生的学习需求,利用现代教育技术,以科技化的手段将学生将要学习的技术动作示范呈现出来,完整呈现技术动作后,同样以多媒体工具进行讲解,对于学生没有看清的动作,可再次慢速播放。

若在学生开始学习前,系统已经获取了关于学生已经掌握的知识和技能的相关信息,则系统会有选择性地进行关键动作要领的讲解,并结合学生的学习基础、学校的教学条件为学生设计、提供适宜的练习方法,学生根据系统给出的方法练习一段时间后,向系统输入自己的技术动作录像,系统自动作出评价,若系统评价结果为学生动作错误或掌握不充分,系统将继续给出适宜的练习方法或给出纠正学生错误动作的方法。

信息化的"示范→讲解→练习→评价"教学模式是在传统教学模式的基础上进行信息化加工和"升级改造"的结果,按照这种思路,我们可以继续探索现代教育技术与体育教学模式的融合路径,尝试对更多的信息化体育教学模式进行构建。

第七章 现代教育技术下高校体育教学设计改革与发展

现代教育技术的快速发展使高校体育教学发生了全新的变革,体育教学在信息技术的支撑下焕发出新的活力与创造力。体育教学设计是综合体育教学活动诸要素,从全局审视体育教学过程的一项系统性计划工作。高校体育教师采用现代信息技术手段着手体育教学设计,包括开发体育教学资源,设计体育教学策略,完善体育教学评价等,以全面提升体育教学水平与效果。本章对现代教育技术下高校体育教学设计展开研究,主要内容包括体育教学设计理论、"以教为主"的体育教学系统设计、大学生网络自主学习系统设计、体育网络课程教学设计以及高校信息化体育教学设计案例。

第七章 现代教育技术下高校体育教学设计改革与发展

第一节 体育教学设计理论

一、体育教学设计的概念

教学设计是指在教学活动开展前,由教学执行者(通常为教育管理部门)根据教学目标的要求,运用系统方法分析和策划教学活动要素的过程。[①]可见教学设计是一项系统的研究和计划工作。

根据教学设计的概念,可以将体育教学设计定义为,以学习理论、教学理论、传播学和体育教学原理为理论基础,以获取最佳体育教学效果为目的,通过一套具体的操作程序来协调、配置体育教学各要素(如体育师生、教学内容、教学目标、教学策略以及教学评价),从而优化体育教学过程的一种设计活动。[②]

二、体育教学设计的要求

随着素质教育在体育教学中的不断渗透,体育教师在教学设计中要注意并满足以下几方面的要求。

(一)体现学生的全面发展

传统体育教学中,体育教师更为注重传授体育知识和运动技能,在体育教学效果评价中将考试达标作为主要标准甚至是唯一标准,导致部分学生虽然掌握了体育知识和运动技能,但其他素质不过关,素质发展不协调。

现代体育教学强调全面教育观和培养全面发展的人才,因此在体育教学中既要一如既往地传授知识与技能,又要培养学生的能力和人格,促进学生全面协调发展。这就要求体育教师在全面发展教育观念下进

---

① 关北光,毛加宁.体育教学设计[M].成都:西南交通大学出版社,2016.
② 张振华.体育教学策略与设计[M].北京:北京师范大学出版社,2012.

行体育教学设计,或者说在体育教学设计中体现学生的全面发展。例如,设计体育教学目标时要提出不同层次和领域的目标,具体涉及身心健康、运动参与、运动技能、社会适应等领域的目标;再如,开发体育教学内容资源与设计教学策略时,尽可能探索对学生全面发展有意义的资源和策略,通过丰富的教学内容和创新的教学策略来培养学生的知识素养、运动技能、道德修养以及个性品质。

(二)适应体育教材内容的多样化

近年来,我国学校课程的适应性不断提升,也越来越多样化,这与我国实行三级课程管理制度有直接的关系,即国家课程、地方课程和校本课程并用。随着我国教育政策的不断完善和体育教学的成功改革,体育课程教学内容逐渐变得丰富,体育教材也不断改革、优化,大大提升了学校体育教学的自主性,拓展了教学空间。

为适应体育教学的发展趋势和新变化,在体育教学设计中要依据课程标准而合理筛选教材内容,进行适当的加工与处理,确保教材内容在结构上的合理性,如前后衔接连贯、主次分明、突出重点教学内容。

(三)运用多种教学组织形式和教法

体育教学的改革发展是方方面面的,包括教学组织形式、教学方法手段的改革创新。现代体育教学打破了传统单一的教学模式,逐渐引入多元的教学组织形式、丰富创新的教学方法手段。在体育教学设计中应充分体现体育教学的这些新变化,根据教学目标和素质教育的要求选用丰富的教学组织形式与多元化的教学方法,以提高体育教学的趣味性、多元性,激发学生的学习兴趣。

(四)强调协作学习的重要作用

建构主义理论指出,学生对学习内容的理解是否正确,理解程度如何,很大程度上受到学生自身对教学环境的交互作用的影响,由此可见协作学习起到很关键的作用。

在体育教学设计中要适当多设计一些以协作学习为主的任务、方法,包括教师与学生的协作和同学之间的协作,建立学习共同体,由师生共同完成教学任务,达成教学目标,这对培养学生的合作意识、协作能力、集体主义精神具有重要意义。

（五）利用信息资源支持学生学习

在体育教学设计中，教师要加强对各种信息资源的开发与利用，在讲解示范教学中善于将信息资源作为辅助教学手段，为实施教学提供便利，同时还要筛选合适的信息资源提供给学生，为学生自主学习、知识建构、协作探索提供支持。

三、体育教学设计的意义

（一）促进体育教学的科学化

传统体育教学中，部分教师教学理念比较落后，主要以教材、课堂、主观经验为中心而设计教案，而且因为缺乏对科学教学设计方法的掌握，导致教学设计方案比较随意，缺乏一定的规范性和对教学要领的准确把握。而如果体育教师深入理解了体育教学设计的理论，并掌握了相关设计方法，能够根据教学需要而进行合理设计，便能够在一定程度上保障体育教学的科学性，提升教学过程的规范性和最终效果。

（二）有利于培养优秀教师

体育教学设计为培养体育教师和促进体育教师的提升提供了有效途径，体育教师通过进行教学设计能够对体育教学原理有更加深刻的理解，而且在教学技能操作方面也更加熟练，并在实施教学设计方案中不断锻炼与提升自己，努力成为优秀的体育教育工作者。

（三）有利于开发多媒体教材

通过体育教学设计，体育教师能够对现代教学媒体更加熟练，并能利用现代信息技术资源进行多媒体教材的编制，促进教学信息化水平的提高，推动体育教学改革与发展。

四、体育课教学设计的阶段

体育教学设计包括学段体育教学设计、学年体育教学设计、学期体育教学设计、单元体育教学设计以及体育课教学设计。其中体育课教学设计是最小的设计单位，是实现其他层级教学设计的必须手段。完整的体育课教学设计包括下面三个阶段。

（一）分析阶段

分析是体育课教学设计的基础阶段，在这个阶段要分析学习需要、教学内容、学习者，将分析的对象、过程和结果编写成一份"设计说明"，其中主要包含本节课教学思想、教学内容、教学重难点、教学过程、教学策略等要素的分析情况。

另外，为了进一步充实与丰富"设计说明"，体育教师还可以在编写中加入教学场地布置、教学保护措施等内容。

（二）设计阶段

设计是体育课教学设计的核心阶段，在这个阶段要设计体育教学目标、体育教学策略以及体育教学过程，它们是教案的主要组成部分，完成这些要素的设计后便可以编写教案。设计这些要素与编写教案很难完全分开进行，有时需要同时操作完成。注意在体育教学策略和体育教学过程的设计中要重点做到对教学组织形式、教学方法、教学手段、教学步骤、练习强度等要素的设计。

本阶段的设计程序如图 7-1 所示，一般要求先设计体育教学目标和教学内容。

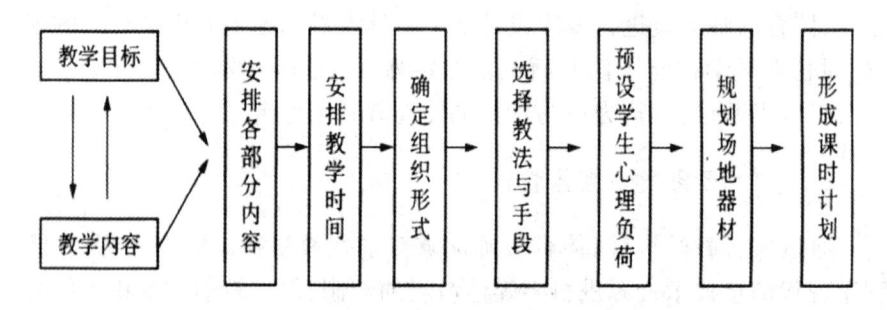

图 7-1 体育课教学设计程序[①]

（三）评价阶段

评价是体育课教学设计的最后阶段，通过评价教学效果来判断设计的教案是否合理、有效，是否最优教学方案。

---

① 舒盛芳，高学民. 体育教学设计 [M]. 上海：复旦大学出版社，2013.

体育课教学设计的评价主要包括以下方面。

（1）设计理念是否符合素质教育的要求。

（2）体育课的结构安排是否合理。

（3）教学重难点是否明确，文字表达是否准确简练。

（4）教学设计是否具有操作性。

（5）教学设计是否有所创新。

完成上述评价后，根据评价结果和教学反馈而完善教学设计方案。

第二节 "以教为主"的体育教学系统设计

一、"以教为主"的教学系统设计的简单分析

在认知主义学习理论和行为主义学习理论下发展起来的传统教学系统设计其实就是"以教为主"的教学系统设计，这种教学设计的特点是将"教学"作为设计的焦点，重视教师的主导性，提倡采用系统方法进行教学设计，遵循循序渐进的设计原则。

"以教为主"的教学系统设计强调教师的主导作用，以教师为主传授知识，传授对象是学生。教师在教学设计中先将教学目标确定下来，后续一系列设计与教学行为都是为实现教学目标而铺垫与服务的。这种教学设计主要是在课堂上完成教学活动，以书本教材内容为主要教学内容，在教学评价中主要对学生掌握知识的程度进行检验，判断最终的教学效果是否达到了教学目标的要求。

"以教为主"的教学系统设计有其自身的适用范围，并非所有学科、所有教学环境下以及面对所有的教学对象都适合采用这种设计。下面简单分析这种教学设计适用的情况。

（1）教学组织形式为大班制。

（2）教学内容结构严谨，如理科类课程。

（3）教学内容多、教学时间相对紧张。

（4）学生自主学习能力较差，对教师有较强的依赖性。

（5）学习资源相对较少。

（6）以知识记忆为主的教学。

"以教为主"教学系统设计也是体育教学设计中经常采用的一种方法,采用这种设计方法时,教学过程大同小异,教学目标以运动参与目标和运动技能目标为主,教学策略以示范教学、模仿练习、反复练习为主,教师引导学生多学、多练,培养学生的体育兴趣和运动习惯。

二、"以教为主"的体育教学系统设计的主要内容

"以教为主"的体育教学系统设计方法由来已久,经过多年的研究与实践,逐渐形成了较为完整、眼镜、可操作性强的方法体系。下面具体分析"以教为主"的体育教学系统设计的主要内容。

(一)学习者特征分析

学习者分析是"以教为主"的体育教学系统设计的前端分析,目的是了解学习者的学习准备和风格,为后续设计提供依据。

学习者特征分析涉及很多方面,但影响教学设计较大的是与智力因素和非智力因素有关的特征,前者包括学习者认知发展的一般特征,如知识水平、认知特点、认知结构变量;后者包括学习者的兴趣、动机、情感、态度、意志等。

(二)学习需要分析

体育学习需要主要指的是当前学生在体育学习中的现状(体育学习成绩现状)与所期望达到的状况(体育教学目标)之间的差距。学习需要分析的目的是通过系统调查研究,发现教学中的问题,确定问题的性质,分析问题产生的原因,论证解决问题的必要性和可行性。

体育学习需要分析的步骤如图7-2所示。

(三)体育教学目标分析

教学目标是对学习者通过教学后能达到何种状态的明确、具体的表述;教学目标应便于观察与测量。体育教学目标分析与描述中运用的最多的是布鲁姆的教学目标分类体系。布卢姆将教学目标分为认知领域、情感领域和动作技能领域。他认为教育目标分类的作用在于向教师提供一套统一的术语,为测量评价教学效果提供客观标准。

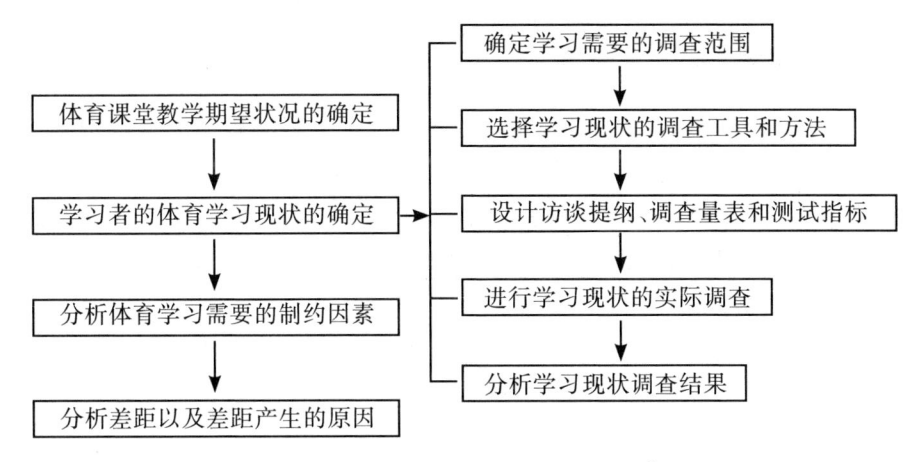

图 7-2 体育学习需要分析的步骤[1]

（四）体育教学内容的选择

明确教学目标后，就要开始科学选择和组织教学内容，这个过程中一方面要参照教学标准和教科书的要求，另一方面要翻阅相关参考资料，为学生提供丰富的思维训练材料。分析教学内容主要是分析和筛选促使学生的起始能力转变为终点能力所需要的知识与技能，主要工作如下。

（1）选择与组织单元。

（2）确定单元学习目标。

（3）确定任务类别和分析任务。

（4）评价所选择内容。

（5）确定教学内容基本框架。

（五）体育教学策略的选择

体育教学策略是指为完成特定的体育教学目标而在体育教学活动中采用的程序、方法和媒体等的总和。教学策略设计是最能体现教学设计创造性的环节。选择体育教学策略需要考虑教学内容、教学对象、教学环境等要素。体育教学策略的设计步骤主要包括确定体育教学顺序、设计体育教学组织形式、选择体育教学方法。

---

[1] 杨雪芹.体育教学设计[M].桂林：广西师范大学出版社，2008.

(六)体育教学媒体的选择

要达到预期的体育教学目标,需要合理选择教学媒体。选择恰当、适宜的媒体,需要考虑多方面的因素,如图7-3所示。此外,选择媒体还要遵循目标控制原则、对象适应原则和代价最小原则。

选择教学媒体的方法主要有问题表、矩阵选择表、流程图、经验之塔模型和算法型。

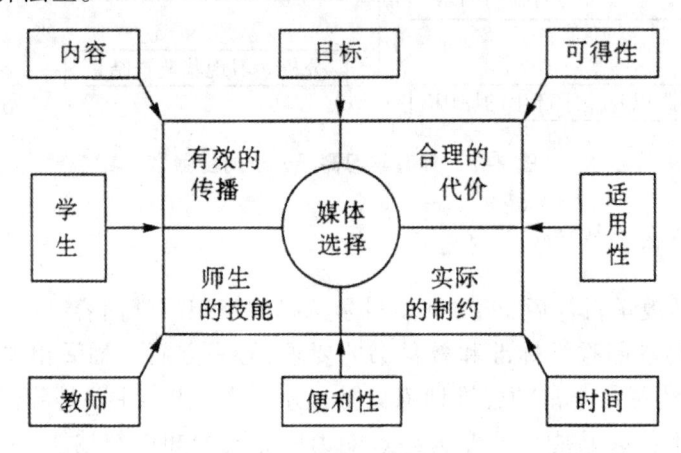

图7-3 影响媒体选择的要素[①]

(七)体育教学设计成果评价

体育教学设计的结果是一套体育教学方案,这个方案的设计水平如何,能否带来理想的教学效果,需要通过评价才能知道。判断设计成果水平的标准有两个方面:一是设计过程中的每个环节是否达到阶段性目标;二是使用该教学方案能否使学生快速达到预定的学习目标。从这两个标准出发,可以将体育教学设计成果的评价分成体育教学方案的评价和学生学习行为的评定两个方面。

---

① 舒盛芳,高学民.体育教学设计[M].上海:复旦大学出版社,2013.

第三节　大学生网络自主学习系统设计

一、基于网络的自主学习

在网络技术支持下形成的网络教学时空环境中包含了课程、资源、教师、学生等教学要素，这些要素是通过技术平台和交互平台被集成到一起的。网络教学时空环境具有明显的开放性、交互性、灵活性以及共享性，基于网络环境的自主学习对培养学习者的综合能力及提升学习者的学习效率具有重要意义。

传统教学中教学内容的线性结构通过网络资源组织技术的加工而发生了显而易见的转变，该技术具有超媒体、超文本等特征，以超媒体节点、超文本节点为链接的知识微结构逐渐取代了传统固定的线性知识结构，这体现了传统自主学习在组织形式上的重大变化，在新的组织形式下，学习者不再被传统知识结构牢牢束缚，而能根据自己的需要重新组织知识内容，形成新的结构，这对培养学习者的思维能力、学习能力都有重要影响。

二、网络自主学习系统的基本结构

（一）网络自主学习系统的自适应性

自适应性是网络自主学习系统的重要特征与功能之一，不同个体的自主学习存在一定的差异，包括因人而异、因时而异等，自适应性指的就是针对这种差异而提供与个体特征相符的学习支持。

从本质上来看，自适应学习就是个别化学习。网络自主学习系统具有自适应功能，该系统要满足下列准则才能充分发挥与实现这一功能。

（1）具有超文本性、超媒体性。

（2）有稳定的用户模型，使用该用户模型向超媒体系统提供自适应性。

(二)网络自主学习系统的技术与结构

1. 技术

从网络自主学习系统的自适应性功能来看,其具有下列两个非常重要的技术。

(1)自适应技术

基于网络的自主学习系统的自适应性一方面表现在结构上,另一方面表现在内容上,这两个方面的自适应表现各自对应一种自适应技术,结构方面对应的自适应技术是自适应导航;而内容方面对应的自适应技术则是自适应展示。

(2)用户模型

用户模型也是网络自主学习系统的技术内容之一,它指的是一种能够将系统用户个人特征充分体现出来的技术模块,具体包括教师模型和学生模型两种。

2. 结构

网络自主学习系统的组件主要有下列3个。

(1)领域模型

这一模块包含与学习内容有关的所有信息。

(2)学生模型

学习者的信息主要存储于这一模块,该模块将学生的信息数据提供给教学模型。

(3)教学模型

该模块以上一模块提供的信息和学生的不同需要为依据而对学生后面的学习活动作出决策。

综合上述分析,网络自主学习系统的结构模型如图7-4所示。

三、大学生网络自主学习系统的设计思路

在体育教学中,教师和学生比较熟悉的教学过程是课堂教学、学生练习、测试评价,这里以师生都熟悉的教学过程为基础来设计简单实用的自主学习系统,要保证学习系统的简易性、实用性,就要尽可能以基

础的、普遍的设计软件来着手设计,将现有成果充分利用起来,不过分追求美观的页面和多元的网络技术,而以促进学生学习效果的提升作为重点。之所以保持这样的设计理念,是为了进一步促进信息技术与体育课程的整合,为此探索一条易掌握、易实现的途径。

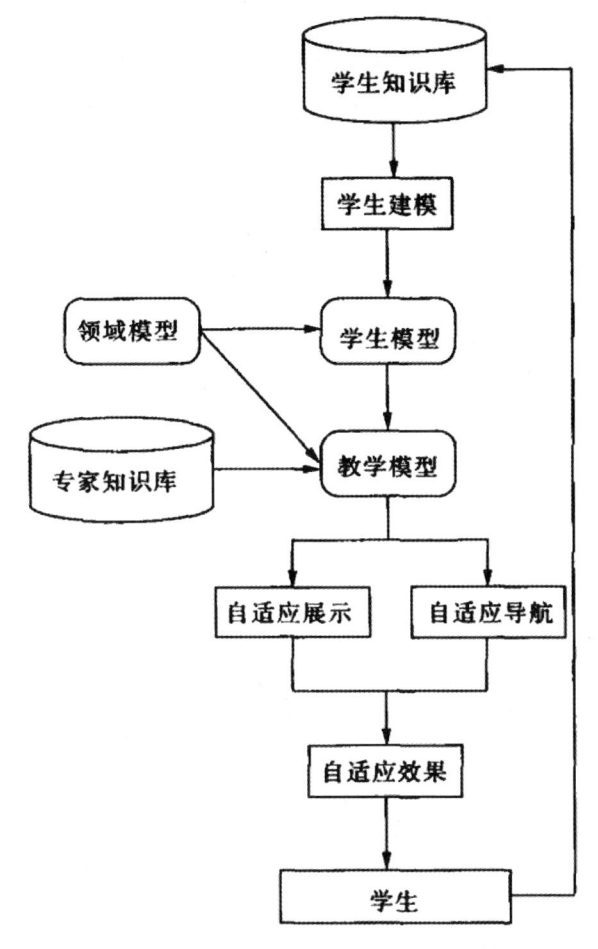

图 7-4 网络自主学习系统的结构[1]

设计网络自主学习系统,在选择呈现学习内容的方式时,对电子文本的教案或教学课件可以不予采用,因为这类课件与教案往往是教师根据自己的理解、经验设计的,是从教师的思路和视角出发制作的,虽然教师在设计时也是以教学目标、教学内容为依据的,但也不乏主观主义色彩,这样在学生自主学习中不免会出现教师"先入为主"的问题,从而

---

[1] 阿英嘎.信息技术与体育教育专业课程整合[M].南京:南京师范大学出版社,2010.

与"以教为主"的教学系统无异。

在大学生网络自主学习系统的设计中,需要从体育教学大纲、体育教材的主要知识点出发进行对超文本导航栏的设计与编制,从而便于学生根据自身需要选择适合自己的学习方法,围绕主要学习内容而完成知识的意义建构,以顺利实现学习目标。

大学生网络自主学习系统的功能模块以及模块之间的逻辑关系如图 7-5 所示。自主学习系统应包含两个入口,即教师入口和学生入口,它们各自的功能如下。

教师入口:

(1)数据库的动态管理:教学内容库、试题库、学习资源、教学策略库等。

(2)了解学生学习情况。

(3)在线答疑。

学生入口:

(1)注册、登录。

(2)进行初始测试。

(3)选择式学习。

(4)在线测试。

(5)在线交流。

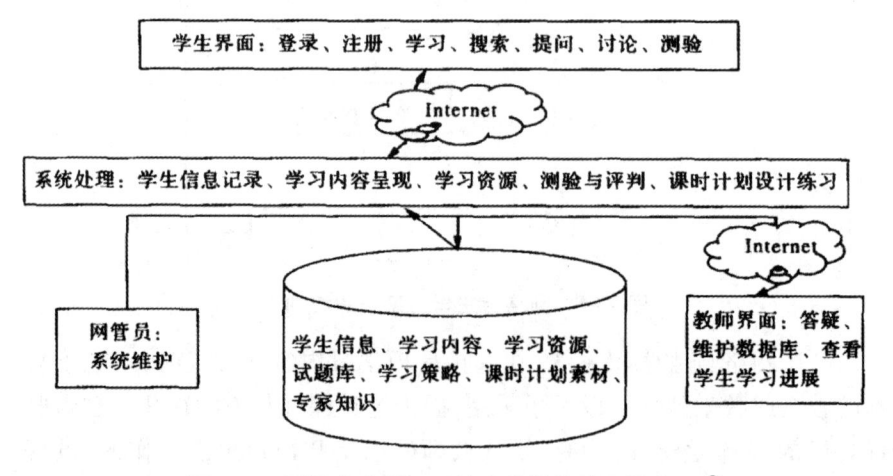

图 7-5 网络自主学习系统功能模块的逻辑关系[①]

---

① 阿英嘎.信息技术与体育教育专业课程整合[M].南京:南京师范大学出版社,2010.

四、大学生网络自主学习系统界面的设计

学生对体育课程内容的兴趣是其开始自主学习和持续自主学习的内在动力。学生基于网络进行自主学习,学习系统的页面往往会使学生产生第一印象和即兴看法。另外,学生使用该系统进行自主学习是否顺利、学习效果是否满意,主要受系统交互界面友好程度的直接影响,因为它是用户与计算机交换信息的重要通道。

一般来说,应按照简洁实用的原则来设计自主学习系统的界面,不重要的元素尽量不要出现在系统界面中,否则会分散学生的注意力,导致学生本该集中在学习内容上的注意力分散到其他地方。

下面具体从三个方面分析体育信息化教学中对大学生网络自主学习系统界面的设计与制作。

(一)导航栏

在自主学习系统设计中,导航的作用是举足轻重的,建议系统设计中用直观形象的树状结构来设计导航栏,学习内容的章标题以超文本形式呈现出来,用户点击每章标题时,这章内容包含的节标题就会展开,这样学生对教材内容的目录结构一目了然,直接选择要学习的内容。被选中的章节文字颜色会发生变化,以与其他章节相区别。

为便于用户与系统的会话,建议采用多级菜单方式,这是比较基础的方式,用户即使对学习系统不熟悉,也能自主操作。

(二)学习内容呈现

用户点击某一节点时,便会出现该节点的下级节点,而且选用章节的页面内容也会出现在对应的框架中,以这样的方式呈现学习内容可以避免学生逐个点击页面寻找自己需要的内容,防止学生"迷航"和浪费时间。要为自主学习系统赋予这样的功能,就要采用嵌入式框架来展现导航栏中相应章节的内容,具体可采用 FrontPage 来实现。

(三)多框架页面

在自主学习系统设计中,可以将页面分为若干相对独立的屏面,使系统具有动态化的多屏性能。学生点击页面上的不同屏面,可以动态

浏览结构化学习内容，还可以对页面大小进行自主调整，如将多个页面缩小，对不同页面的学习内容同时进行浏览。要在一个窗口来滚动显示大文件，就需要利用窗口技术来实现，这对人机交互能力的提高大有裨益。

第四节　体育网络课程教学设计

体育网络课程是一种开放式的课程模式，与传统体育课程教学的封闭模式不同。作为现代教育技术与体育课程融合的产物，体育网络课程为提高体育教学质量和效果开辟了有效的手段和渠道。设计体育网络课程，必然要以网络为平台，以实现学生自主学习为主要目的。下面重点对体育网络课程教学设计的理论与操作展开研究。

一、体育网络课程教学设计原则

网络教学有其自身的特征，有不同于传统教学的独特性，因此进行网络课程教学设计自然与传统课程教学设计有区别。在体育网络课程设计中，体育教师应遵循教育学原理和心理学原理，并依据传播理论进行创新设计，具体在设计中要贯彻以下几条重要原则。

（一）自主性原则

体育网络课程学习活动是在师生分离的情况下实施的，学生作为网络课程学习的主体，主要学习形式是利用网络资源自学。所以要重视学生的主体地位和作用，体现学生个性化学习的特点，给予学生自主学习的权利，发挥学生的首创精神，如提供灵活多样的检索方式、实现学习路径的自动选择和记录功能、设计供学生随堂使用的电子笔记本、让学生构建作品和进行自我评价等。

（二）交互性原则

在体育网络课程教学中，师生不会面对面互动，师生处于分离状态，在此前提下进行网络教学。为了方便师生交流,使师生互动的效果不亚于面对面互动,在网络课程教学设计中要将网络技术的功能和优势充分利用起来,对虚拟教学环境进行创设,营造良好的网络教学氛围,为师生进行线上交流和讨论问题提供良好的条件。

(三)开放性原则

随着现代信息科技的迅猛发展,尤其是信息存储技术、传输技术的发展与渗透,使得人人都能遨游于知识的海洋中,每个人身边都有巨大的知识库。这充分体现了网络资源的开放性。利用网络的开放性进行体育网络课程教学设计,为学生提供丰富的学习资料,从多个角度描述与解释学习内容,从而提高学生的拓展思维能力和分析能力。

(四)多媒体化原则

不同的学生因为个人学习习惯的不同,在获取信息的渠道方面也有所差异,有的学生喜欢通过听来获取自己需要的信息,我们将其称为听觉性的学生;有的学生喜欢通过观看图像、文字来获取和保留信息,我们称其为视觉性学习者;等等,随着现代网络课程中计算机技术的深入渗透,使网络课程中的学习内容具有图、文、声、像并茂的特征,这对提高知识信息的传播效率和效果具有重要意义。

在体育网络课程教学设计中,应该从学生的学习习惯、学习风格出发,以学习内容为中心,将知识信息以丰富的形式呈现与传播,使现代教学媒体的优势得到充分发挥,促进学生学习效率的提升和效果的改善。

二、体育网络课程教学平台的功能设计

体育网络课程教学平台的功能设计方案如下。

(一)软件结构设计

结构设计是体育网络课程设计的关键,包括功能结构设计和知识结构设计两个方面。

1. 功能结构设计

进行功能结构设计的原则是按照学习者的需求设计系统,可以自由无限级扩展,可以复用和更改,能够满足课程的需求。

2. 知识结构设计

知识结构设计要符合体育教学内容的层次体系,并有利于学生的自主学习活动。

(二)导航设计

学生是主动的探索者,是学习活动的主体,不同水平的学生选择不同的学习活动时,与学习活动对应的内容、进度、测试都是相适应的,因而要特别重视导航设计,使课程收缩自如,技术性较强,一般主要通过导航键、图文链接等方式实现导航。

(三)界面设计

界面设计要注重界面友好、交互性强、可控性强,其包括显示界面设计和操作界面设计两方面。

1. 显示界面设计

在显示界面设计中,首页设计是关键,建议采用上方目录、下方模块的结构设计,目录能显示课程的主要内容,使学生直观了解整个课程的结构,模块有利于学习者的个性化自主学习。

2. 操作界面设计

在操作界面的设计中,可采用简明直观的按钮来选择章节内容,按钮在学习内容的右边,方便学习者随时进入任意一节学习。

(四)评价设计

体育教学评价和反馈是体育教学的重要环节,有利于强化学生的学习效果。在评价设计中,主要包括学习态度、学习能力和学习成绩的评价。针对不同评价方式提供不同反馈方式,对于客观题,由系统自动评分反馈;对于主观题,采取集体讨论的方式评判。

（五）交互设计

交互设计直接影响学习者对网络课程的利用。在体育网络课程教学设计中，多处加入交互功能，便于学生相互讨论、交流经验，在学习中创造协作环境，各抒己见，共同提高。利用交互功能，学生还可以向教师或专家咨询，获取帮助。

三、体育网络课程教学设计的注意事项

在体育网络课程教学设计中，为保证设计的科学性和实用性，要对以下几方面的问题加以注意。

（一）注重教育理论的科学指导

传统体育课程教学中，师生面对面互动，教师可以根据实际情况而实时调整教学过程。而体育网络课程教学中，师生分离，教师难以根据学生的学习情况而第一时间调整教学活动。为了弥补体育网络课程教学的这一不足，防止不断出现意外情况，在网络课程教学设计中要坚持现代教育理论的科学指导，使课程设计与学生的特征、需要高度符合。

在体育网络课程教学设计中，建构主义学习理论、认知主义学习理论、行为主义学习理论等都是非常值得参照的现代教育理论，这些理论的不断发展与成熟对体育网络课程教学设计与实践起到了重要作用，除了参考这些教育理论外，在教学设计中引进心理学领域的新观念也是非常必要的，这对完善教学设计具有重要意义。

（二）按照网络的特点进行设计

随着现代远程教育的不断发展，网络课程作为一种新的课程形式在高校教育中渐渐得到普及与推广。网络课程的特点是以网络为教学媒体，教学活动中以呈现学习内容为主。

有学者指出，任何学科的教学过程的结构要素都可以概括为6个方面，分别是教学目标、教学内容、教学媒体、教学方法、社会文化的先决条件（多指社会意识形态、政策、环境等）以及个体的先决条件（多指学生的个人情况）等。不管是传统课程还是网络课程，在教学过程中涉及的内在结构要素不外乎就是这几个方面，但传统课程与网络课程毕竟是

两种不同的课程形式,它们的结构因素也存在本质上的区别,课程设计者着手体育网络课程教学设计时,必须按照网络的特征去设计,发挥网络的优势,体现各个结构要素的网络化特征。

(三)清楚学习者的特点和需要

体育网络课程教学在培养学生综合素质方面具有重要作用。在网络课程教学中,学生作为学习主体利用网络资源进行自主学习,这是主要学习方式。认知心理学理论指出,简单地从外界接受知识并不意味着就获得了知识,面对复杂的外界知识时,学生若能够自主选择信息,主动理解信息,才能实现意义学习,才能真正获得知识。学生的认知结构是其进行意义学习的基础,学生先获得的知识会影响其之后对其他外界知识的学习与获得。从这一原理来看,在体育网络课程教学设计中,教师对学生学习特征、学习需要进行分析非常必要。

体育教师必须基于对学习者特征与需要的了解来设计网络课程教学,网络课程的教学起点应该放在学习者原有的知识水平和认知结构上,在此基础上考虑网络知识结构与学生认知结构是否协调、适应,从而保证学生更好地接受与理解新知识,完善原有的认知结构,并在获得新知识的同时建立新的认知结构。

总之,在体育网络课程教学设计中,必须从学生的学习特征、学习需要出发对课程内容、学习活动、学习评价方式进行设计与确定,从而更好地保证学生通过自主学习而顺利达到学习目标。

(四)多方合作

体育网络课程的教学过程主要包括设计和开发学习资源、学习支持这两个阶段。其中设计与开发学习资源需要多方合作才能实现。在这一阶段,设计者要先全面了解学生的学习特点、学习需要,然后科学合理地设计学习内容,并邀请经验丰富的优秀体育教师筛选学习内容。在现有网络环境下,教师设计的网络课程能否顺利实施,选择的媒体能否充分发挥预期作用,课程开发的成本是否在预算范围内,等等,这些都需要相关专家的参与才能达到令人满意的效果。可见,在体育网络课程教学设计中必须重视多方合作,发挥有关领域专业人士的积极作用。

第五节　高校信息化体育教学设计案例

一、信息化体育教学设计理念——开放共享

在知识经济时代，人们非常渴求知识。体育作为高等教育的重要组成部分，继续沿用传统教学模式已无法适应信息化时代和知识经济时代大学生对体育知识的需求。高校体育教学必须紧跟时代潮流，寻求信息化发展与创新，将现代教育技术成果引进教学中，使现代高校体育教学实现创造性的突破和质的飞跃。

计算机网络最大的特征是开放共享，可以将具有开放共享优势的计算机网络与体育教育相结合，设计出能够使师生共享体育知识的教学平台，这一平台便是师生学习与交流的媒介，通过远程教学、上传知识、分享视频、直播教学等方式共享教学资源。在这一教学平台中，不同地区的体育教师都可以相互交流、讨论，共同解疑和处理问题，从而使自身的专业教学能力不断提升。此外，不同地区的学生也可以利用这一平台分享学习资源，获取知识。具有开放共享性的信息化教学平台也是师生互动的良好媒介，对建立和谐的师生关系很有帮助。

二、高校信息化体育教学设计案例——健美操互联网教学平台设计

在现代教育技术的支持下，设计互联网体育教学平台是可以实现的。在体育教学中利用互联网技术、信息技术能够有效解决一些常见的教学问题，如学习方式单一、学习资源缺乏等问题。以网络平台呈现教学内容，更能调动学生的兴趣，深化学生对学习内容的理解。

健美操是高校体育教学的重要内容之一，深受大学生的欢迎与喜爱。利用现代网络技术而设计健美操互联网教学平台，能够促进健美操教学内容的丰富，积极影响大学生学习健美操知识与技能的过程和效果，提升大学生的健美操知识素养和技能水平。

下面简单分析高校健美操互联网教学平台功能模块设计的构思。

（一）课堂教学模块

课堂教学模块是健美操教师授课时使用的板块，在该模块的设计中，主要是就是对"线上班级"进行创建、予以呈现。"线上班级"就是线上课堂空间，由健美操教师根据教学目标而创建，教师在该模块中上传健美操教学内容，方便授课时使用。该模块同时也向在校学生开放，学生输入姓名、学好即可登录。

（二）自主学习模块

自主学习模块中的内容是在健美操课堂教学内容基础上的延伸与拓展，涵盖了比较广泛的知识面，大部分知识都不在教学大纲内，该平台的使用者是上传这些学习内容的主体。设计自主学习模块能够促进学生知识面的拓展和学习创造能力的提升。

自主学习模块将丰富的健美操知识收录于此，不受课程教学限制，师生可自由浏览和下载自己需要的资料，对师生都有很大的帮助。

健美操互联网教学平台中的自主学习模块设计方案如图7-6所示。

（三）考核评价模块

考核评价是健美操教学设计的一个重要环节，它是检验学生学习成果、督促学生掌握知识的必要手段。和传统健美操考核方式相比，健美操互联网教学平台中考核评价模块采用的考核方式更加简便，考核内容更加全面。考核评价模块主要由健美操理论知识题库、在线测试、教学考评三个部分组成，重点对学生的学习态度、自学能力、知识水平、技能水平以及创新能力进行考核。

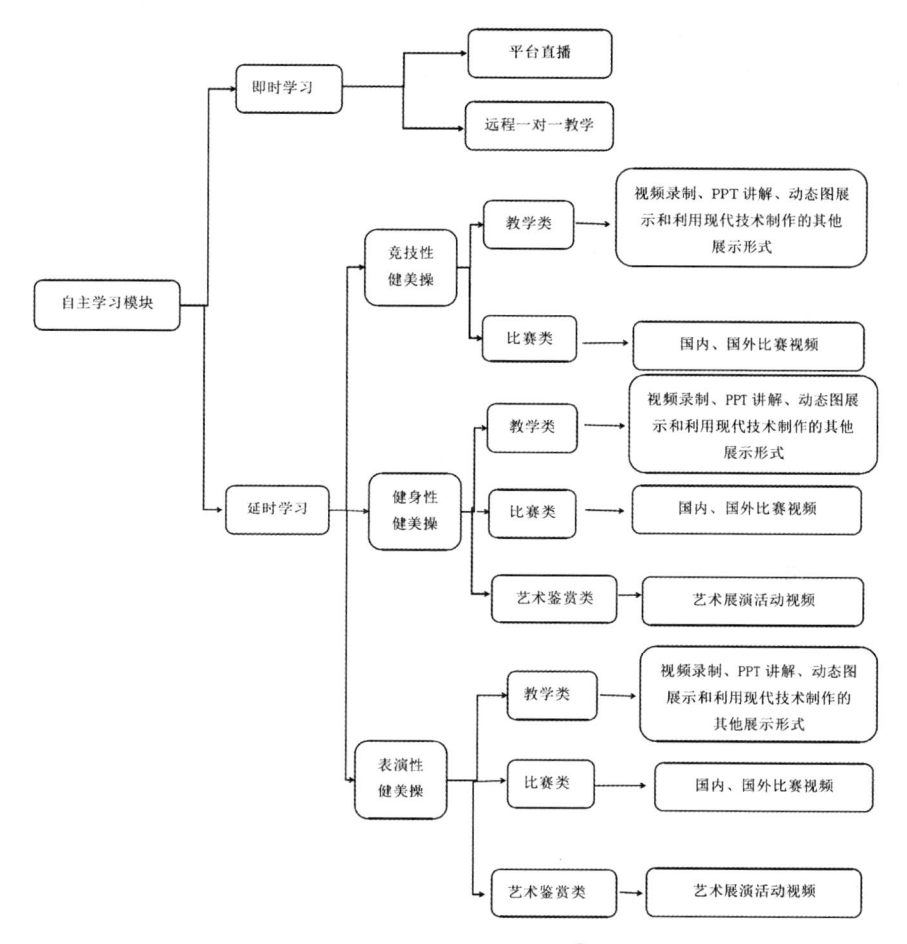

图 7-6 自主学习模块[1]

---

[1] 王秀."互联网+"背景下健美操教学平台的设计与应用研究[D].吉林体育学院,2019.

第八章 现代教育技术下高校体育师生信息素养的培养与提升

随着信息社会的快速发展,以及现代教育技术的不断推进,在高校教学中实践中,对师生信息素养的培养和提升被逐渐提上日程。现代社会是一个信息社会,无论科技、金融、教育、体育等各个领域信息都高度发达,可以说在可见的未来,不具备信息素养将寸步难行,这就是高校推行信息素质教育的根本原因。本章将从信息素养和信息能力、高校体育师生应具备的信息素养、高校体育教师信息素养的培养与提升策略以及高校大学生信息素养的培养四个方面展开研究,希望对我国高校信息教育的推进起到一定的促进作用。同时,也希望为广大师生在发展自身信息素养的学习工作中,提供一定的助力。

第一节　信息素养与信息能力

在探讨教师和学生的信息素质之前,我们不得不谈及信息素质与信息能力这两个概念。

一、信息素养

(一)信息素养的概念

信息素质的概念最初是源于图书馆素质。图书馆素质包括图书检索能力和借此解决问题的能力。进入信息社会之后,只具有图书检索能力显然是不够的,在信息爆炸的社会,信息已经成为社会发展的重要因素。除了图书馆之外,还有多种信息获得渠道,而且逐渐成为信息的主要渠道。如今,计算机技术的信息服务功能逐渐取代了传统的平面信息媒介,这在很大程度上提高了服务的效率。另外,在市场经济的背景下,出现了非常丰富的商业性质的信息服务机构,而且经过市场的竞争与选择,这些信息服务机构发展迅速且种类多样,其服务能力推陈出新的速度极快,能够满足人们的各种不同需求。例如联机数据库服务、电子邮件服务、数据分析服务等。

另一方面,图书馆这些传统的信息资料机构也在随着社会的进步而升级迭代,其服务手段发生着很大的变化。由此可见,现代社会的信息素质是指,个体在信息社会中获得信息、利用信息、开发信息方面的修养与能力,它包括信息意识、信息伦理道德、信息知识及信息能力等多方面的素养,是一种综合性的、可培育的,并且会随着社会的发展进步而不断发展的素养。

现阶段信息素养主要是指借助互联网这一媒介不断获取、组织、提取且评价信息,从而做出正确的信息决策,将理论信息与实际情况紧密结合,并且采用辩证的思维看待和解决问题的过程。

（二）信息素养的内容

信息素养既然是一种综合素质，这就意味着它是由多种素质共同构成的。它涉及很多方面的知识和技能，比如最基本的听、说、读、写等学习能力，以及提炼问题的能力，以核心问题为重心展开检索、传播、分析等一系列的知识素养和能力技巧的架构，它是多种能力的相互影响和逐步递进而构成的。它大致可分为以下几种素养。

（1）总结归纳某个知识和技能的能力。

（2）在大量信息中甄别并提取真正对自己具有价值的内容的能力。

（3）选取最佳渠道收集信息和数据的能力。

（4）最终掌握并合理存储信息的过程。

（5）能精准地分析信息需求并采取合理的检索方法。

二、信息能力

信息能力是信息素养的核心和体现，它包括运用信息工具开发信息、利用信息的各种能力。在现代社会中，一个人的信息能力基本上决定了个体的基本生存能力、竞争能力以及未来发展的潜力和空间，可以说，一个人的信息能力是保证其不断成长和持续发展的重要因素。换一个角度，一个人的自我成长和自我教育的能力，很大程度上依赖于他的信息能力，即个体获取、利用、加工信息的能力。甚至可以说，个体之间的能力差异，往往不是由现有的存量能力差距决定，而是由个体的发展潜力和进步速度所构成增量能力所决定，而这种增量的能力很大程度上取决于一个人的信息能力。

经过长期的分析、研究与实践，学界对信息能力做了如下几个方面的总结和概括。

（一）信息工具的使用

采集、筛选、创造、整理和利用信息都需要相应的信息工具，而熟练地使用信息系统中的这些工具就是信息工具的使用能力。这一能力主要包括以下两种。

（1）信息系统的基本操作能力。

（2）对重要常用软件的熟练使用。主要的常用软件包括浏览器、操作系统、文件下载工具、文件传输工具、文件存储工具,文字、数据和图片的处理软件,比如 Word,Excel,Photoshop 等。

(3)对常用的信息采集工具的使用。比如录音、录像设备、通信设备的使用,以及对数据信息进行编辑的能力。我们日常生活中最常用的智能手机就具有一定信息采集功能,比如录音笔、照相机、记事本以及一些视频、音频编辑软件等。

(二)获取信息的能力

每个人在学习、生活或者工作中,经常会需要寻找和获得一些必要的信息来完成一些具体的任务。这就需要找寻和确定相应的信息渠道和信息载体的能力,以及带着目标从各种信息渠道和信息载体上提取相应信息的能力,这两种共同构成了获取信息的能力。这一能力包括信息检索、信息提炼、信息整理和信息下载与保存的能力。

(三)信息表达能力

信息能力除了包含以上几种获取信息的能力之外,还包含了输出信息的能力,比如信息表达。信息的表达是指能够运用恰当的符号对有用的信息进行编辑和改造,使信息更加简洁、易懂,然后还可以熟练运用信息媒介对编辑处理后的信息进行发布或主动分享的能力,从而将自己的思考成果、劳动成果传递给他人,实现资源共享。

(四)信息创新能力

信息创新是指对现有的信息重新加以理解和利用,从新的角度、新的组织方式进行加工处理的,从而产生新的信息的能力。信息创新能力一般需要借助各种信息工具,在一定的思维方法的指导下,以新颖的方式对原有信息进行分析、评价和组织,它的创新可能体现在组织形式上,也可能体现在内容编排上,或者是信息表达的程度上。总之,当代信息社会背景下,信息创新能力是加强学习、开展工作、创造商业价值以及娱乐生活的重要能力。

第二节　高校体育师生应具备的信息素养

一、教师的信息素养

（一）信息素养对高校教师的重要性

1. 是改革教学模式的需要

传统的教学模式中一些弊端和不足，比如模式单一等问题，需要不断提升与改进教学模式，而利用先进的教育技术则可以为学生提供更丰富的信息，更生动的学习体验。新型教学模式所提出的与网络多媒体相结合的授课理念，是改变原来从以教师为中心、单纯传授知识和技能的教学模式，向着以学生为中心、更加注重培养学生的学习兴趣和运动能力的自主学习模式的重大转变。

2. 是转变教师角色的需要

在多媒体教学环境下，教师的角色发生了变化，教师的地位从主要的输出者、讲授者转变成学生学习活动中的引导者、指导者和促进者。通过角色转换，教师从原来的主要关注对知识技能的输出，转变为把主要关注点放在学习的领悟和需求上，这样能够更加有利于学生的学习和进步。

3. 是完善教师自身发展的需要

高校体育教师应具有明确的自我提升意识，在教学实践中和日常生活中，都应该及时收集归类、处理和使用国内外相关的教育信息，拓宽自己的视野。这是进行自我教育和个人成长的重要途径，也是保证教师始终具有较强的竞争力的基本前提。要达到整合利用各种信息资源，教师必须努力提高适应现代化教学的信息素质。掌握一定的信息技术，才能有效地获取各种教学资源，并通过设计、开发将其应用于教学中。比如具有与时俱进的意识，能够及时地学习各种功能强大的软件，然后将更为有效的教学素材引入自己的教学活动中,给学生更好的学习体验。对于高校的体育教学而言,它基本上已经完成了基础性教学,更多的是发展和提升学生的运动技能,这时候如果能够借助多媒体等教学手段进行教学,可能会带来质的提升。

(二)高校教师应该具备的信息素养

1. 需要良好的信息意识

教师的信息素质意识是指教师在教学实践活动中,具有强烈的不断从外界获得对教学工作有价值、有帮助的信息的意识,并逐步形成的处理信息、加工信息、传递信息,以及利用信息去解决问题的能力。教师的信息素养意识将直接影响着学生的素质水平、认知水平以及知识技能水平的高低,它是培育人才的根本保证。教师的信息素养意识决定了一名教师的综合素质的水平,只有具有较好的信息素养意识,才能有效地发展信息能力,这可以为教师带来结构性的竞争优势。因为信息素质是个体参与现代社会生产与竞争的重要素质能力,如果一名教师具有良好的信息意识、信息道德、信息获取和信息表达能力,那么无论是对其个人成长,还是对未来人才的培养都具有重要的决定意义。高校教师具备良好的信息素质,是实施素质教育培养21世纪新型人才的根本保证。

2. 需要丰富的信息表达能力

传播知识与技能是高校教师的职责,其最重要的能力就是信息表达能力。在教学实践中,教师应该不断地学习、开发或者利用现有的多媒体手段,特别是善于借助一些视频软件来辅助自己的教学实施,将会得到事半功倍的效果。尤其是像体育教学这种需要大量的身体实践锻炼,以及在活动中进行学习的课程,如果单凭教师的语言讲述或者个人的身体示范,它的效果和作用是非常有限的。而实际上有非常广泛的信息资源可以利用,比如互联网上各种突破、视频等信息,通过多媒体的技术手段,可以非常具体地帮助提升教学效率。因此,高校体育教师应努力提高自身的信息表达能力,从而帮助提升自己的教学水平和教学质量。

3. 需要综合的信息素养

教师的信息素养主要体现在教学活动中,教师的综合信息素养,即信息素养意识和信息能力发挥着同等重要的作用。在高校的体育教学活动中,具有较好信息素养意识的教师,会在随时关注自己领域内以及相关领域的最新发展动态,他们有积极主动的意识去不断获取有利于自身成长和职业发展的各种信息。并且,更重要的是,教师会把个人的良好的意识、态度和习惯,在不知不觉中带到教学实践中,从而对学生产生潜移默化的积极影响。

然而,和这种影响相对应的,是教师对信息能力的掌握。如果时候意识层面的影响是不动声色的,那么信息能力水平则是非常直接的,可以反映在日常教学的方方面面。比如,一个信息能力较强的教师,可以熟练地在课堂上运用各种信息载体、软件,来传达各种新鲜有趣的体育素材,带给学生生动的、刺激的学习体验。这些对培养学生的学习兴趣和学习热情都有明显效果。因此,为了提高教学质量和教学效率,提高高校教师的信息意识和信息能力都非常重要。

二、学生的信息素质

(一)信息素养对高校学生的重要性

信息技术无时无刻不在发展的过程中,为了适应社会的变迁,青年学生必须具备一种不间断地更新和补充自身的知识和能力的意识,而这也是高等教育阶段的重要目的,因为个人的学习和进步仅仅靠在学校接受教育是非常有限的,还必须掌握信息获取、信息加工、信息表达和信息工具使用等能力,这些都是信息素养组成部分。因此,在高等教育阶段对学生信息素养的培养非常重要。

与其他学科相比,热爱体育的高校学生应该具有更强的意识去发展个人的信息素养和各种信息能力。这是因为,体育运动作为一种运动科学,以及作为一项发展相当成熟的竞技体育产业,它具有非常重要的、广泛的价值,了解和掌握这些信息不仅仅有助于运动水平和技能的提高,甚至对个人的价值观、认知水平、意志品质和精神态度都有相当的影响。那么,这些信息显然需要自己去主动获得,仅仅靠课堂上教师的教授和分享是不够的。因此,具有全面的信息素养,是学生全面提升自身素质水平的重要能力。

在 21 世纪,信息素养不仅是一个时髦的标牌,对于广大的高校学生而言还具有十分现实的意义。

（二）高校学生应该具备的信息素养

1. 信息意识

培养高校学生的信息素质日益成为教育界和社会各界关注的重要议题。针对当代高校学生的特点，高校在强调信息教育的推广与实施的过程中，在加强学生的信息素养方面，主要提出以下几点要求。

（1）具有积极主动地获取信息资源的意愿，并敢于试错，敢于尝试，在生活与学习中不断探索和发掘新信息的来源。

（2）具有基本的信息获取能力，包括利用图书馆、互联网、各种信息媒体获得有用信息，以及善于在现场采集信息，并具备加工信息和利用信息的能力。比如，对于大数据信息能够自主甄别并提取对学习和工作有用的信息并为己所用。

（3）面对冗余的信息能够具有灵活支配的能力，拒绝无用信息以增大信息检索的工作量，学会鉴别信息的价值，最终将其纳入自己的知识系统以解决各种问题。

（4）收集、筛选信息的同时，要学会独立思考，具备批判的思维。还要具有分享意识，做到资源共享实现共赢的局面。

2. 获取信息的能力

学生的信息素质直接决定了信息技术作为获取知识的认知工具的作用和效率。高校学生获取信息的能力分为几个方面。

（1）具备基本的常识，知道现有的信息资源有哪些，并且进行一定的归类处理，在需要的时候可以有针对性地去采集和提取信息。

（2）具备一定的辨别能力。能够分别各种信息的来源、真实度、价值情况等，能够在浩瀚的信息汪洋中找到真正对自己有价值的信息，拒绝无效信息和虚假信息。

（3）具备一定的信息工具使用能力。比如一些主要的软件，操作系统、各种多媒体工具等。

第三节 高校体育教师信息素养的培养与提升策略

高校教师的信息素养是一个动态的变化的过程,是可以经过学习而不断提高和发展的综合能力。比如,相对而言,由于年轻教师比年长教师的学习能力更强,因此,他们对新事物的接受也更快,可塑性也更强。在培养信息素养方面,年轻教师表现出了更多的优势。比如,可能不用经过太多的培训,年轻教师很快就掌握了计算机操作,对互联网的使用更为得心应手。而高校的体育教师大多数都是相对比较年轻的中青年人,因此,在培养高校体育教师的信息素养时,这些都是比较有利的条件。尽管如此,目前的现实情况并不是很理想,我们的高校体育教师在信息素养方面还存在着一些典型的问题,对此,需要投入更多的资源对高校体育教师进行提升和培养。

一、高校体育教师信息素养的现状

(一)高校的培训体系不完善

1. 教师的培训体系不健全

要想实现高校教师整个群体的全面的、普遍的提升,必然要依靠系统的力量。面对时代的飞速发展,我国的教师培训体系还存在着一些滞后的情况,教师培训体系不健全、意识上不够重视等,都是比较重要的制约因素。这不仅不利于教师综合素质的提高和信息素质的培养,也不利于其创新能力的进步与提高,在人才培养上必然会带来连带效应。

尽管"互联网+"在高校教育教学中已经应用和普及,但很多教师对"互联网+"并没有形成全面的认识,而仅仅停留在对具体的一些课件和硬件的使用的状态。对此,主要是和高校对教师的信息培养不及时有关,从意识上不够重视,行为上也缺少对教师的引导和教育,没有发展出正规、系统的信息技术能力培训体系。在这种情况下,教师的信息素养参差不齐,完全靠个人兴趣驱动,很难整体上提升高校体育教师的综合信息能力。如果教师的信息获取能力不足,信息技术能力不高,那么很难在教育教学中进行应用,更谈不上对学生的信息能力的引导和辅导。

2. 校园信息素养环境概念弱化

在实践中发现,校园的信息环境建设也存在着各种各样的问题。比如,高校领导往往将建设重点放在基础的硬件设施、应用软件和技术人员上,而疏于对于信息意识和信息技术在教学中的全面展开。没有全面认识到信息意识和信息能力的现实意义,一味地高硬件建设,却忽视实际应用。教师作为信息技术的实践者,其信息技术应用能力直接影响教学效果。如果校园信息化环境建设不完善,教师的信息素养发展也会出现滞后的问题。

(二)高校教师自身的意识不足

1. 教师的信息意识较淡薄

我国高校体育教师自身对信息意识比较淡薄,在常年的教学工作中沿用传统的教学模式和教学方法,而没有明显的改进和提升,造成这种现象的既有客观的原因也有主观的原因。主要的客观原因是,我国的教育多年来是应试教育为主导,在各个学科中,体育教学是最容易被忽略的一门课程。体育教学似乎只要考试达标即可,在这样的价值判断下,体育教师的工作积极性必然会受到影响。

而主观原因是体育教师对职业认识具有局限性和惰性,以为只要按部就班、完成教学任务就可以交差了。因此,在教学在实践中缺乏精进意识、成长意识,自然对信息意识也是淡薄的。长期地使用传统思维模式不仅局限了自身的发展,很难与时俱进在网络时代下寻求新的有滋养的信息,提高眼界和知识,也不利于对学生培养与教导。

2. 教师的科研意识不强

我国高校体育教师的科研意识不强,也会部分地导致信息意识淡薄。因为科研是教学寻求信息的最主要的动力,但现实确实我国高校体育教师的科研意识普遍较弱,对探索课题与研究不积极,知识面狭窄,领悟能力有限等,都严重地影响体育教师知识的获取以及能力的持续提高。教师对科研成果没有太大的期待,缺乏足够强烈的职业发展动力,这些都严重地影响了体育教师培养和发展信息素养的提高,也不利于我国教育事业的健康、快速地发展。

(三)教师的信息素养基础薄弱

我国高校体育教师整体上没有接受过专业的、系统的培训,缺少对信息素养的正确认识,甚至也缺少基本的操作技能的训练,导致他们在实际教学中难以取得明显的突破性进展。在现代教育技术引入体育教学以来,很多体育教师仅局限于对幻灯片、PPT的使用,对一些现成的视频教材、科教动画的演示等,还谈不上自主对信息进行获取、采集、编辑、创新的能力,可以说信息素养还相当的薄弱。比如,大部分教师对互联网的使用都只限于网页浏览,而进一步的数据库检索、信息的获取与识别、储存、评估、编辑与利用、创新与重新组织等方面还存在着很多的不足。

二、高校体育教师信息素养培养与提升的策略

根据目前我国高校体育教师的信息素养现状,国家教育系统给出了一些具体的应对措施和解决方案,综合这些方案加上本人自己的理解,提出以下促进高校体育教师信息素养培养与提升的策略。

(一)建设健全的教师培训体系

我国应尽快建立健全的教师培训体系,通过定期组织教师参加信息科学的系统培训。一方面,可以保持高校体育教师与时俱进,具有领先的信息意识。另一方面,可以促进教师的专业水平的稳步提升,通过对最新的信息技术的掌握,让他们随时可以跟进本专业的最新行业发展信息,从而有利于自身能力和教学质量的不断提高。因此,建立一个健全的、有效的、全面的教师信息培训体系非常必要而且重要。

(二)加强培养教师的信息意识

从根本上对高校体育教师进行信息意识的普及教育,并对当前社会发展态势以及对未来发展的展望,宣讲信息能力对个人职业和生活都

具有非常重要的现实意义。引导教师们摆脱传统落后的信息观念,鼓励他们学习更先进的信息技能和信息工具。通过一些具体的实践活动,观摩互动,引导教师转变原有的观念意识,以积极主动的心态适应网络信息时代,运用现代思维方式与信息技术的结合,促进信息意识的提高。在具体的操作上可以从以下两个方面着手。

(1)聘请高素质的信息技术专家定期对教师进行培训和指导,组织教师进行信息技术能力培训活动,培训内容包括理论知识和实践技能两部分。

(2)鼓励教师参加学术交流会,观摩其他高校教师的信息技术教学公开课,使教师能够保持与高校教师的平均水平上共同发展和进步。

(三)激发和鼓励教师的科研意识

要激发教师的科研意识,通过提升教师的科研意识来促进培养他们的信息素养和信息能力,有利于教师更加充分地意识到信息能力的重要性,以及有效地提高他们挖掘和收集信息资源的习惯,促进科研意识、创新能力和信息素养同时获得提升。这是因为,体育教师只有具备了良好的信息意识,才能从浩如烟海的信息资源中整合利用相关信息,才能实现知识技能的更新,才能提升教学实践的活力,自动地增加和补充有价值的教学内容,促进信息能力、科研能力和教学能力的有机联系。

(四)建立信息素质教育规划和评估标准

国家的教育等相关部门应当做好宏观的信息素养教育规划,制定出科学有效的培训计划和评估标准,分层次、分阶段地实行信息素质教育规划。深入开展国家信息政策、信息法规、信息道德的普及教育,促使每一位教师都能深刻体会信息社会对现代人的影响与要求,从而在观念意识上、学习态度上引导广大的教师重视信息意识、信息观念、信息道德的培养。根据我国的信息教育现状以及高校体育教师信息素质的普遍水平,制定统一的教师信息技术评估标准。从而使我国的信息教育具有稳定的依据和衡量工具,也帮助教师在信息素养的提高和学习中拥有一个可靠的工作指南。同时,还可以根据标准进行宏观调控,对其他相关政策制度的修订与制定具有一定的参考价值。

（五）加强高校内部体育信息环境的建设

信息素质的提高不仅需要政策、标准的指导，还需要一个有利的发展环境，然后在科学有效的方法下进行教育培养。高校体育教师信息素养的提高不是一朝一夕就能完成的，而需要一定的计划性、阶段性、持久性和连贯性的发展，而这一切都离不开环境的促进与支持。

1. 完善高校网络化教学环境

培养、提高教师的信息素质，不仅需要提高教育理论水平和改革教学观念，还要培养其实际的操作技能，而这一切都离不开学校具有完备的信息化教学硬件设施。因此，高校在进行理论、意识培养的同时，也不能忽视对硬件环境的建设，努力使每一位教师都能接触到现代信息技术和信息资源，并且能力便利地进行实际操作，亲身感受信息技术当工作和生活的积极影响。计算机、多媒体设备、互联网以及完善的软件装备和信息基础设施，是培养和提高教师信息素质的必备条件和环境基础。因此，各类学校尤其是各类高校一定要有起码的信息技术设施，并不断加大信息技术设施的建设，努力做到与时俱进，从而和社会信息发展保持同步水平。

具体的表现为加强学校体育部门的信息化建设，比如CAI课件制作室、多媒体教室、体育教学所需的电子和音像设备与资料、信息网络的开通等，为高校体育教师教学提供物质平台。

2. 建立激励与考核机制

在信息时代，信息素养能力是高校教师必须具备的素质，并且，进入信息时代以来，教育已经从信息的传播逐渐转变为能力的传承和发展。很多专业知识都可以从各个渠道获得，如果仅仅具有一定的体育专业知识，那么很可能会被淘汰掉，因此，体育教师应该具有一定的紧迫感和危机感。这也是高校必须要制定激励和考核标准的现实原因。必须督促高校体育教师群体努力发展自身的信息素养和能力，在考核和评估框架下，不断完善自己，达到现代社会对高校体育教师的要求。激励机制和考核评价机制可以有效地促进体育教师开展信息素养的学习活动。同时，把教师信息技术标准与教师资格证书制度联系起来，把教师信息技术能力作为获取教师资格证书的必备条件，可以有效地促使教师自觉提高自身的信息能力和信息素质,使标准的实现在制度上得到保证。

(六)提高高校体育教师运用信息的水平

1. 鼓励体育教师在教学与科研中应用信息技术

在具体的体育教学中,鼓励教师加大信息技术的利用力度,把信息技术作为教学工具和手段运用到体育教学全过程。另外体育教师也可以结合实际需要,积极参加一些校内外的竞赛活动,或者将信息能力积极地投入科研活动中。总之,学校应该创造更多的促进性活动,鼓励体育教师在教学、可养以及生活实践中广泛地应用信息技术。

2. 提高体育教师的外语水平和检索知识

体育没有国界,体育教师应该扩大自己的视野,积极地借助互联网等媒介,和国外的同行进行业务交流和切磋。大胆地展示自己的科研成果,实现资源共享。但这就需要体育教师具有一定的外语能力。随着我国竞技体育的发展,其实很多优秀的运动员都自觉地学习外语并和国外的同项目的竞争对手进行专业交流。我国有很多优秀运动员在国外参加比赛和接受采访时,都能够以流利的英语进行交流互动,这说明我国运动员的综合素质在普遍提高。高校的体育教师也应该积极效仿。并且,一些前沿性、实用性的信息知识有 90% 以上都是用英文发布的,体育学科也不例外。体育教师应该加强外语学习,然后可以将最新的信息运用到自己的教学和科研活动中。当然,这还需要具有一定的英文检索能力。总之,高校体育教师应加强自身英语的能力提高,掌握英文文献源的查找方法,将获取的最新信息用于自己是工作和生活之中。

第四节 高校大学生信息素养的培养

随着 5G 时代的到来,高校学生的信息素质培养越发显得重要。它不仅决定着高校学生的学习效率,也影响着未来的就业情况,以及参加社会工作后的竞争力水平等多方面活动的开展。因此,在高校的教学中,应该从各个方面、各个学科都加强对学生的信息素养的培养,促进他们的全面成长,使各方面的技能和水平以较为均衡的状态进行发展。当前,学生的信息素养在很大的程度上对高校学生的就业导向和综合能力产生一定的影响。信息素质作为当代高校学生的素质培养核心之一,制定科学的教学目标,引导高校学生逐步发展出有力的信息检索能力、信息分析能力、信息利用能力以及信息创新能力,并将这些能力运用到实际的学习生活中。

具备信息素质,就要求学生能够正确地把握信息来源、收集渠道、数据处理、适当利用以及评价等。在信息时代,高校学生具备信息素质是信息全球化的必然要求,也是当代学生应该努力去适应的客观环境。作为高校,应该及时制定符合实际的培养方案,并根据社会背景适当适时地调整教学目标,重点强调学生对信息素质的关注度,并锻炼其熟练掌握信息检索技术、提取并分析信息和解决实际问题的综合能力。努力培养出具备社会发展需要的新时代人才。

一、高校大学生信息素养的现状

(一)大学生缺乏完善的常识储备

高校强调学生具有信息素质,首先是对其基础的常识和技能的培养,而不一定要做到精通信息技术。在这样的理念下,我们要求高校学生具备基本的信息文化素养,基本的信息概念和信息技能,能够运用自身的信息能力解决实际生活中遇到的一些常见问题。但现状却是,我们很多的高校学生对信息素养的认识还停留在计算机的简单操作上面,对于信息硬件软件分类及应用软件本质是含糊不清的。他们或许可以非常熟练地上网获取信息、创造信息发布短视频,还可以运用常见的音视频软件进行一些文件的处理,甚至可以制作出炫目的特效得到十万加的点赞。然而,不得不承认的是,我们的青年学生尽管掌握了一定的信息技能,但是他们的信息意识是比较碎片化的,还没有形成一个完整的认识和理解。而这是需要学校给出系统的、全面的培训,单凭个人兴趣发展是无法获得的,从而导致学生对于信息素养的深层内涵缺乏探索,信息意识薄弱。

（二）大学生缺乏获取完整信息的能力

这是一个快速发展的社会阶段，在一切都处于快速迭代和竞争的环境下，人们的很多能力呈现碎片化的趋势。我们的高校学生尽管接受新事物的能力很强，但是却鲜少具有完备的全面的能力。以社交媒体为例，无论是微博还是短视频，它带给人的体验是新鲜和快速的。成长于网络时代的当代高校学生，他们普遍的问题是，缺乏耐心和获取完整信息的能力。他们可能会刷一个小时的抖音，但很难坐下来安静地读完一本书。他们获得的信息是碎片化的，获得的能力也是碎片化的，但是碎片化的能力很难形成势能。因此，在高校今后的教育中，应该注重对学生的信息能力的完整性的培养。比如，对了解决某个具体的问题，从培养学生的信息采集能力、辨识能力、整合能力、分析能力、再加工能力以及利用和创新能力，最终形成有力的、完整的信息或能力，解决问题。

（三）大学生的认知与理解能力不足

虽然我国在高校学生的信息素质培养方面已经有了很大的进步，但是就整体而言，仍然不够乐观。比如，大多数学生都认为自己已经掌握了必要的现代信息技术，然后真实的情况却是，他们只会一些点状的、分散的技能，但不成系统。而且，这些较为单一的认识和技能反而成为培养学生信息素养的一种阻力，因为学生会因自己的某一方面的能力技能而骄傲自满，对于系统地学习信息理论掉以轻心。因此表现出来的情况就是很多学生对信息素养和信息能力的理解是比较狭隘和模糊的。有调查发现，在现在的高校中，多数学生获取信息的主要途径是网络主。除了查找学习资料之外，主要是查看社会新闻、网络聊天、打游戏或者看一些电影或综艺节目。有相当数量的学生几乎没有使用过学校的图书馆资源。

在大学生群体中，信息理论缺乏、检索能力差、信息道德意识差等是当前大学生信息素质中主要存在的问题。

二、高校大学生信息素养的培养策略

高校应该就目前学生的整体情况，专门开设针对信息检索技术开展一系列的必修课程，目的让学生完整地学习并运用信息检索技术。同时,学校的图书馆的设备技术也应该做到及时更新,为学生进行文献检索创造良好的技术环境。此外,还应加强对教师和图书馆管理员的培训,配备对新技术的讲解与操作指导,全面提高高校信息素质教育的教育环境,使高校学生在学习信息技能的理论知识的同时,能够及时地在实践中得到运用,从而加深知识和技能的掌握。教师要积极带领学生探究信息素质的内涵和本质,究其来源和演变,引导学生了解信息素质的过去、现在和未来发展趋势。教师在教学过程中就有意识地将理论与实际结合,使学生把信息素质内化为自身习惯,不仅要收集信息,重要的是做到了解并运用信息,从而全面提高学生的信息意识和信息能力。

(一)从入学开始培养学生信息意识

对学生信息素质教育的培养,不仅仅是要让学生掌握必要的技巧或者技能,而且还要让学生学会获取分析、并处理信息的能力,是由以往的知识传递向学生能力培养转变。应该从学生入校开始,高校就开展对新生进行信息意识培养,为信息培养打好基础。但是,最初的培养不必从理论开始,反而应该从实践活动开始。因为实践是帮助学生掌握技能最有效的方式,而信息素养更多的是培养学生获取、利用和创新信息的能力,因此,实际操作才是核心。比如,可以先让学生从了解图书馆开始,对图书馆的布局和各个流程环节具有一定的认识,并且能够自如地检索资料和借阅图书等。总之,最初可以从提高学生的信息意识,为接下来的信息素质培养做好基础。

接下来是训练学生提取信息的各种技能。如果说获取信息仅是一种技能,那么提取和筛选信息则是一种综合的能力。比如,它包含了辨别能力、思维能力、筛选能力、评估能力以及取舍能力。教师在开展信息检索教育时,应加强锻炼学生运用各种工具和软件进行检索的工作,并且针对检索得到的信息做进一步的分析和判断,以及根据自己的目标进行科学的评估,选择真正有价值的信息,而放弃无效信息。因为,在信息爆炸的时代,虚假信息以及垃圾信息充斥在各种渠道上,如果没有一定的辨别能力,很容易浪费时间和精力,甚至误导我们的正常工作与学习。因此,教师应该反复地训练学生的提取信息的能力,引导学生采用逆向思维尝试不用种检索手段解决问题,激发学生的创新思维,从而增强学生信息检索的需求,反复实践并不断总结经验,提高解决实际问题的能力。

（二）让学生感受数据的强调功能

随着当前信息技术的发展，很多高校都已经将数字化图书馆引入图书馆管理模式中。教师可以引导学生主动体验数字化图书馆的服务，亲身感受数据的魅力。并且，在此基础之上，加强学生对数据的认识、理解，并学会基本的数据采集能力。帮助学生更好地对数据进行理解，了解到数据库的检索方式，进而提高学生的信息检索能力和数据分析能力。目前，很多高校的图书馆已经将资源进行了整合，为学生的信息检索提供了极大的便利条件。可以实现通过客户终端对全国的图书馆资源进行访问。学生还可以利用碎片化时间扩大阅读范围，丰富课外知识，提高了学习效率同时也提高了自己的信息素质。

（三）寓教于乐的轻松教学理念

兴趣是最好的老师，轻松的心态才是开展学习的最好的状态。因此，高校在培养学生信息素养的过程中，不要搞得特别紧张严肃，不要给学生制造不必要的压力。因为信息能力毕竟是一种综合能力，它不是某种特定的技能，要通过严格地反复训练获得。综合能力的提高一定需要多方面的条件和基础。让学生在轻松自在的心态下，才能将潜力正常地发挥，才能释放自然的学习热情和主动性。教师应该尽量创造一个轻松的学习氛围，采取寓教于乐的方式进行教学，通过调动学生的兴趣提高学生的积极性，让学生主动去了解信息技术和数据分析。

三、信息素质培养的具体途径

（一）注重对学生思维的训练

在教学当中，教师还应指导学生注重如何思考，加强逻辑思维的训练，以及多提出新的假设。比如，"这意味着什么？会产生怎样的后果？会隐藏着怎样的风险？通过长期地进行类似的思维训练，可以很好地锻炼学生的思辨能力、现实检验能力以及明辨是非的能力。也可以培养学生对信息的敏感度。比如，如果不加思考的话，很多信息看完一会就忘了，这样一些信息的潜在价值就被忽略了。对信息的不同态度也可以彰显学生对信息的敏感程度，一个阅读过信息并能深入思考的人说明他对信息有良好的嗅觉，这种嗅觉的养成需要长期的熏陶和训练，也需要大量的知识和思维训练。

（二）建立新型课堂教学模式

知识也好、信息也罢，它是一种流动的能量，如果仅仅是从教师到学生的单向流动，这种填鸭式的教学必然效率是很低的。因此，必须建立新型的教学模式，让学生主动学习和运用所学知识，主动发现问题并解决问题。在教师的指导下，不断发展自身的能力。对信息素养的教学，正是去教师中心化的最好例证，教师通过教授学生信息检索和获取的能力，那么就意味着教师的角色已经发生了转变，从授人以鱼到授人以渔。这是正是素质教育所倡导的以学生为学习主体的教学模式。

（三）利用网络互动训练信息能力

网络互动是指通过网络交流工具来进行沟通，如QQ、微信等、微博、抖音等。学校可以充分利用这些网络工具，设置专员同大学生直接交流，指导他们如何使用图书馆及电子资源、数据库等。另外，还可以通过论坛、博客等对学生传播积极正面的信息，让学生在上网时间自由浏览，也可以在一定程度上促进学生进行自我学习。在社交媒体上的互动，也可以很好地训练和检验学生对信息的辨识能力和获取的能力。一方面，既做到共享信息、畅所欲言；另一方面，也学会在鱼龙混珠、真假难辨的信息海洋中，发现和利用对自己真正有价值的信息，日益提升自己的信息交流能力。

（四）培养学生信息道德判断能力

重视对学生的道德判断能力的培养，也是信息教育的重点。提高学生的信息道德能力，就得依靠高校的人文环境优势，来培养大学生的信息道德意识，同时也是在维护高校、网络和社会秩序的健康发展。高校可以通过开设信息道德课程来重点培养大学生的信息道德判断能力。

（五）夯实学生的信息素质基础

掌握、运用信息技术，是一个人信息能力强的外在表现，它包括对常见的通信工具与软件的熟练操作能力、对网络技术的熟悉、对常见多媒体设备的操作与运用等。总之，对学生的信息素质培养是一项长期且全面的工作，需要学校、教师和学生多方面的共同努力才可以实现。在现代教育的理念下,更加重视对学生基础能力的训练,因为知识和信息是可以轻松得到,甚至是可以随时获取的,没有必要花费太多的精力去记忆,而技能却是要跟随人一生的本领,因此夯实信息素养的基础。

参考文献

[1] 赵蔚,刘红霞.现代教育技术[M].长春：东北师范大学出版社,2017.

[2] 张文兰.信息技术与课程整合[M].西安：陕西师范大学出版社,2012.

[3] 李文高.教学设计的新领域 信息化教学设计[M].昆明：云南大学出版社,2013.

[4] 李凤来.信息化教学设计与评价[D].天津大学,2006.

[5] 魏刚.信息化教学资源的开发与应用[J].信息与电脑(理论版),2017（01）：206-207.

[6] 董艳丽.开源软件在基于网络的信息化教学环境建设中的应用研究[D].华东师范大学,2008.

[7] 刘贵富,秦艳友.大学信息化教学环境建设研究[J].江苏高教,2005（06）：91-93.

[8] 张春苏,王冬梅.普通高等教育"十二五"规划教材 现代教育技术基础[M].北京：科学出版社,2016.

[9] 寇海莲,李毅.现代教育技术与初中体育与健康教学[M].北京：高等教育出版社,2009.

[10] 常超.现代信息技术视角下的体育教育专业发展研究[M].北京：地质出版社,2016.

[11] 阿英嘎.信息技术与体育教育专业课程整合[M].南京：南京师范大学出版社,2010.

[12] 蒋立兵,易名农.现代体育教育技术[M].武汉：中国地质大学出版社,2012.

[13] 程士钧. 现代体育教育技术 [M]. 北京：高等教育出版社，2006.

[14] 景亚琴. 信息化教学 [M]. 北京：国防工业出版社，2013.

[15] 任利敏. 体育教学模式与现代教育技术融合研究 [J]. 重庆三峡学院学报，2019，35（05）：123-128.

[16] 纪进，徐雄杰，刘建中. 应用现代教育技术构建新型体育教学模式的研究 [J]. 安徽体育科技，2006（06）：51-54.

[17] 何兴权. 高校传统体育教学模式与现代教育技术的融合 [J]. 重庆三峡学院学报，2004（06）：86-89.

[18] 李国泰. 体育课程组织形式及其教学模式论 [M]. 重庆：重庆大学出版社，2005.

[19] 葛冰. 体育教学模式的整体优化研究 [D]. 东北师范大学，2007.

[20] 陈炜，黄芸. 体育教学与模式创新 [M]. 北京：光明日报出版社，2016.

[21] 吴烦. 武汉市中小学体育教学模式的选用现状及发展对策研究 [D]. 湖北大学，2016.

[22] 邵伟德. 体育教学模式论 [M]. 北京：北京体育大学出版社，2005.

[23] 吴疆. 现代教育技术与艺术和体育学科课程整合方法与实践 [M]. 北京：人民邮电出版社，2007.

[24] 舒盛芳，高学民. 体育教学设计 [M]. 上海：复旦大学出版社，2013.

[25] 赵爽. 通用体育类网络课程辅助教学平台的设计与实现 [J]. 沈阳农业大学学报（社会科学版），2011，13（03）：335-338.

[26] 万文君，黄智武. 高校体育教学网络课程的设计与开发 [J]. 北京体育大学学报，2006（10）：1416-1417.

[27] 刘彩艳. 网络课程教学设计理论研究 [D]. 内蒙古师范大学，2008.

[28] 王秀. "互联网+"背景下健美操教学平台的设计与应用研究 [D]. 吉林体育学院，2019.

[29] 张振华. 体育教学策略与设计 [M]. 北京：北京师范大学出版社，2012.

[30] 关北光，毛加宁. 体育教学设计 [M]. 成都：西南交通大学出版社，2016.

[31] 杨雪芹. 体育教学设计 [M]. 桂林：广西师范大学出版社，2008.

[32] 兰国帅，张一春，王岚. 国内外教育技术新发展：基于 WOS 与 Histcits 知识图谱可视化分析 [J]. 开放教育研究，2014，20（3）：111-120.

[33] 万清华. 现代教育技术在高校体育教学中的意义及作用 [J]. 现代营销(学苑版)，2011（6）：235.

[34] 陈玉群. 体育教学改革与发展历程的动态研究 [M]. 北京：光明日报出版社，2016.

[35] 陈轩昂. 新时期高校体育教学的改革与发展 [M]. 北京：航空工业出版社，2017.

[36] 贾振勇. 体育教学改革与实践应用探究 [M]. 北京：新华出版社，2018.

[37] 刘艳春. 关于微格教学的设计方法 [J]. 哈尔滨学院学报，2005（5）：104-105.

[38] 杨春香. 高职院校大学生信息素质培养探析 [J]. 商业文化，2021（2）：130-131.

[39] 白敏敏. 高职院校体育教师信息素质与知识创新路径探究 [J]. 当代体育科技，2015，5（26）：230-231.

[40] 夏卉，李利平. 智慧教育引领下大学生信息素质培养策略 [J]. 电子世界，2017（2）：18-19.

[41] 黎军，王玲玲，宋晓晴. "互联网＋教育"背景下高等职业院校教师信息素质培养新要求分析 [J]. 中国高新区，2017（21）：44-45.